노후 준비
월세가 연금이다

박연수 지음

도서
출판 청 연

머리말

거품은 거둬내고 팩트만 갖고 말을 해보자. 과연 부동산시장이 우리의 기대대로 계속 상승할 것으로 믿는가.

이 부분에 있어서 개인적 생각으로는 부정적이다. 개인의 자산 증식에 있어서는 너무나 소중한 부동산이지만 부동산투자로 대박을 기대한다는 것은, 시대착오적인 것이다.

부동산 경매로, 토지투자로 투자원금의 몇배나 되는 이익을 벌었다는 것은 현실적으로 가능한 일이 아니다. 그럼에도 이런 방법으로 투자해 상식을 뛰어넘는 수익을 올렸다고 자랑하는 자들은 거의 대부분 사기꾼이다. 그렇게 놀라운 능력이 있으면 자신이 투자해 돈을 벌면 되지, 뭐하러 투자자를 구하려하는가. 말도 안 되는 사기꾼들이 투자시장을 호도하고 있다.

인구절벽시대 원년, 부동산시장이 급변하고 있다. 시대의 흐름에 적응할 것인가 도태될 것인가. 당신의 선택에 달려 있다.

은퇴시점은 빨라지는 반면 자연수명은 오히려 길어지고 있다. 의학의 발전으로 이제 자연수명 백세의 시대가 꿈이 아니라 현실로 다가오고 있다. 그러나 이를 기뻐 할 수만은 없는 것이 자연수명은 늘어났으나 그 긴 노후를 살아갈 대책이 막막하다는 것이다. 우리나라의 노인 빈곤 율은 OECD국가 중 최하위 다. 복지 빈국답게 노인의 복지를 개인에게 전가하는 형국이다. 늙어서 돈 없으면 죽으라는 말과 같다.

노후생활을 위해 가입하는 국민연금은 노후생활비로는 턱없이 부족한 실정이다. 이를 보완하자고 가입하는 민간 금융회사에서 판매하는 개인연금 퇴직연금의 수익률은 마이너스 상태로 노후생활에 오히려 독이 되고 있다.

노후 준비를 위해 무엇을 어떻게 해야 될지 정말이지 답답하다.

우리나라는 선진국 대부분이 시행하고 있는 공적연금 대신, 거의 사설 펀드와 크게 다르지 않는 "국민연금"을 강제로 들게 하면서도 그 수급률이 최저 생계비에도 못 미치고 있다.

현재 국민연금의 평균 지급액이 32만 원이다. 이 돈으로는 행복한 노후준비는 고사하고 다른 소득이 없으면 노후에 당장의 끼니를 걱정해야 하는 처지나. 병들고 힘없는 노인들에게 논 없는 것만큼 서러운 일이 어디 있는가. 노후를 여유롭게 지낼 돈은 없고, 그러니 은퇴자들의 60% 이상은 퇴직 후에도 새로운 일자리를 찾고 있는 것이 아니겠는가. 그런데 그 일자리라는 것이 찾기가 쉽지 않다. 일자리를 구했다고 해도 나의 업력과 상관없는 단순노동의 일자리가 대부분이고, 임금은 거의 최저수준이다. 이러니 벌어놓은 돈이 없이 노후를 맞게 되는 사람의 고민이 더 깊어지는 것이다.

현재 65세 이상 노인인구의 거의 절반에 가까운 49%가 빈곤 상태에 있다. 이는 O E C D 국가의 평균 노인 빈곤 율 13%와 비교해 4

배에 이른다. 지금부터 노후준비를 계획하고 실천하지 않으면 우리가 그 처지가 될 수 있다.

노후 생활의 "생명 줄"이라고 하는 국민연금의 평균수급액은 가입자 평균소득의 16%에 불과하다.

40년간 국민연금을 꼬박 꼬박 내도 65세 이후에 받는 수급액의 소득 대체 율이 겨우 40%다. 문제는 대부분의 경우 국민연금 납입 기간이 평균 20년에 불과하다는 것이다. 그렇다면 국민연금의 소득 대체 율은 20%로 뚝 떨어진다. 한창 일할 때의 소득과 비교해 아무리 노년의 생활비가 적게 든다고 해도, 소득 대체 율이 20%밖에 되지 않는 돈으로는 노후빈곤을 피해 갈 수가 없다. 이 돈으로는 아무런 소비 행위도 못하고, 딱 집에서 밥만 해먹으면서 지낼 수 있는 돈이다.

자연수명은 날로 길어지는 데, 돈 나올 구멍은 없는 것이 작금의 은퇴자들의 현주소다.

자연수명의 연장으로 노후생활은 이제 겨우 인생의 2막이 시작되는 시점이라고 하지 않던가. 그러나 준비 안 된 노후는 의미 없이 그냥 봄, 여름, 가을, 겨울을 반복하다 무덤으로 가는 길이 될 뿐이다.

이제 남은 것은 우리의 선택뿐이다. 아무런 준비 없이 노후를 비참하게 살다 인생을 끝 낼 것인가, 아니면 이제 부터라도 심기일전하여 스스로 노후준비에 적극적으로 나설 것인가를 선택해야 하는 시점에 우리는 서 있다. 여러분이라면 과연 어떤 선택을 하겠는가.

물론 그전에 우리나라도 획기적인 노인 복지 정책이 실시된다면 이 보다 더 좋을 수는 없을 것이다. 그러나 당분간 이런 기대는 안 하는 것이 건강에 좋을 것 같다. 그렇다고 누구에게 하소연 할 수도 없고, 나이 든다는 것의 비애감을 새삼 느낀다.

지금의 저금리는 상수다. 한국은행의 기준금리에 절대적으로 영향받는 소매금융회사가 판매하는 금융상품, 연금에 투자해서는 우리는 더 가난해 질 것이다.

2017년, 인구절벽시대 원년이다. 내수경제는 침체되고 그나마 우리가 의지하고 있는 부동산시장도 요동치고 있다. 인구절벽 시대 원년, 우리의 미래를 위해 어떻게 투자할 것인가. 전 세대를 아울러 우리 모두 고민해야 하는 문제다.

저자 박연수

차 례

 1장 인구 절벽 시대의 부동산 투자

2장 돈을 뛰어넘어 진정한 행복을 찾아서

4장 월세가 연금을 대신하는 시대

5장 천 만 원으로 오피스텔 투자에 도전하다

1장

인구 절벽시대의
부동산 투자

01 부동산 시장은 항상 미쳐있다

투자에 앞서서, 우리는 매 번 최선의 선택을 하는 가의 문제를 고민해 봐야 한다. 이 책은 인간의 소비행동을 연구하는 책이 아니다. 이 보다는 인간의 소비행위가 얼마나 감성에 의해 지배되고 "합리", "이상"이라는 것이 시장에서 얼마나 무력한가를 증명하는 책이다. 시장이라는 것은 분명히 이성보다 감성에 의해 지배되고 있다.

지금으로부터 10년 전 부동산거품이 언제 꺼질지 몰라 아슬아슬한 살얼음판을 걷고 있는 와중에도 부동산 투자의 행렬은 멈추지 않았다.

참여정부의 국토균형개발, 세계적인 유동성 확장, 서울·경기도 인구 50만 이상의 7대 도시 구도심 전체에서 추진되던 뉴타운·재개발도 하루가 다르게 재개발단지의 지분이 상승했고, 모든 지역에서 지분쪼개기가 극성이었다.

이 시기에는 재개발이 추진된다는 첩보수준의 정보만 흘러도 해당 지역 전체가 지분가격의 상승으로 몸살을 앓았다.

거여·마천지구, 흑석지구, 용산·한남지구, 성수지구 등 서울 지역은 물론이고, 경기도 7대 도시의 구도심 모든 지역이 뉴타운, 재개발로 몸살을 앓았다. 이 시기에 용산지구의 경우 국제빌딩 인근 지역의 3.3m²(1평)당 대지지분 가격이 1억 원을 호가하기까지 했다. 이 정도면 시장이 미쳤다라고 표현할 수 밖에 없다. 그러나 이게 끝이었다. 대부분의 구도심 재개발사업은 어느순간 멈춰버렸고, 마지막으로 투자행렬에 뛰어든 사람들은 폭탄돌리기의 마지막 희생자로 전락했다.

어찌보면 인구절벽의 시대, 깊어지는 내수경기의 침체로 내리막 길을 걷고 있는 한국경제의 현실에서 아파트 분양시장의 과열은 그 연장선에 있다고 보여진다. 신규분양된 지역에서 핵심에 있는 강남구 세곡지구, 송파구 위례신도시, 서초구 내곡지구, 강서구 마곡지구는 예외로 하고 말이다.

우리가 교과서에서 배워온 인간이라는 존재는 매우 이성적이며 합리적으로 소비하는 존재다. 그러나 부동산시장에서 보여지는 인간의 투자행위는 본능에 충실하고 매우 탐욕적이다. 이성보다는 감성에 지배받는다.

또 심리적으로 집단동조화의 군중심리에 크게 영향을 받는다. 인간은 언제나 자기 소득 이상의 소비를 하고 호황기로 국면이 전환되면 이것이 끝물인지 생각지도 않고, 투자를 감행하는 집단동조화의 최면에 빠진다.

투자의 세계에서 그나마 인간이 이성적으로 시장을 보는 시점은 역설적으로 불황의 그늘이 짙게 드리우는 시기다. 호황기에는 이미 불황의 그늘이 오는 경고음이 들려도 관심을 갖지 않는다.

우리는 호황기에는 호황이 계속 될 것으로 믿는다. 그렇게 믿고 싶어한다. 호황기에는 부정적 시각은 발도 붙이지 못한다.

예전부터 지금까지 우리의 부동산 시장에서는 긍정론이 대세를 이루고 있다. 시장이라는 것은 시장의 기초적 여건 이외에도 유동성이란 거품이 가격을 상승시키는 일이 다반사로 일어난다.

주택시장에서 중대형 아파트가 아파트 시장을 주도하던 시기에는 이런 논리가 시장을 지배했다.

"90년대 이전에 지어진 아파트는 대부분 70년대 초에 계획된 국민주택으로 경제환경으로 바뀐 수요자의 니즈를 반영하고 있지 못하고 있다. 그동안 우리 경제는 비약적으로 성장했으며, 개인의 가처분 소득도 크게 늘어 쾌적한 주거공간에 대한 욕구가 강해졌으며 실제 1인 희망주거 면적도 늘었다.

과거의 아파트는 2베이(Bay) 구조로 공간활용도가 매우 떨어졌지만, 지금 지어지는 아파트는 3베이 구조로 과거 동일 평형의 아파트와 비교해서 공간의 활용도도 높아졌고 무엇보다 채광이 잘된다."

이 논리가 시장의 대세를 이루면서 용인시에는 수십 만 채의 중대형아파트가 새로 지어졌다. 용인시에서 중대형아파트가 집중적으로 지어진 동백, 보정, 마북, 구성, 신봉, 성복, 상현, 동촌, 죽전지구 중에서 그나마 가격이 밀리지 않는 곳은, 분당, 판교신도시와 가깝고 역세권을 형성하고 있는 동촌, 죽전지구 뿐이다. 이곳을 제외하면 용인시의 중대형아파트는 아파트의 무덤으로까지 평가되고 있다.

최근 유동성 버블이 만든 주택시장의 호황으로 그나마 대접받는 곳은 85㎡ 이하의 소형아파트다.

저금리가 만든 유동성의 거품에 취해서 이성을 잃지 마라. 현재 부동산시장에서 확실한 팩트는 독신가구의 급증, 전세난으로 인해 반사이익을 얻고 있는 소형아파트, 주거용오피스텔, 다가구원룸 뿐이다. 거품은 장기적 관점에서 시장의 펀더멘탈을 이길 수 없다.

남들의 시선을 따라가지말고, 홀로 독방에서 시장의 소리에 귀기울여 봐라. 무슨 소리가 들리는가.

부동산투자로 부자가 되는 시대는 지났다.

우리가 사는 시대는 경제가 역동적으로 성장하는 시대가 아니다. 부동산투자로 투자원금의 두 배에 이르는 수익률을 올리는 일은 가능하지 않다. 그럼에도 우리가 대박의 꿈을 꾸는 것은 이루어질 수 없는 희망고문 같은 것이다. 부동산투자로 돈을 벌었다면 이는 인생을 열심히 산 덤으로 생각하면 된다.

세상에서 나만 아는 투자기법이 있을까. 나 역시 저축은행의 대부계에서 사회생활을 시작했지만 가계소득을 기초자산으로 투자해서 몇 배의 돈을 벌었다는 것을 아주 자랑스럽게 얘기하는 인간들을 보면, 그들의 비법을 배우고 싶은 유혹에 빠진다. 이런 자들의 말에 현혹되지 마라.

금리 인상 요인이 많이 있음에도 불구하고 2016년 10월 금통위는 기준금리를 동결했다. 내수경기의 부진, 수출감소, 금리인상이 가져올 가계대출 이자 폭탄 등을 두려워한 정부 당국의 무언의 압력을 의식한 결과다.

현재 아파트 시장은 저금리가 만든 가격거품이 언제고 터지고 말거라는 공포감이 엄습하고 있다. 이제 그 시점이 언제가 될 것인가 하는 문제에 관심이 집중되어 있다.

지금도 아파트시장은 오르는 곳과 오르지않는 곳이 명확해 지고 있다. 강남 핵심권이 오르는 것은 이곳을 대체할 곳이 대한민국에 존재하지 않기 때문이다. 그러나 다른 곳은 대체지역도 많고 공급량도 충분하다. 아파트 폭탄돌리기의 마지막 희생자가 되지 안기를 바랄 뿐이다.

02 인구절벽시대의
미래 부동산 시장

부동산시장에서 확실한 팩트는 우리나라도 일본의 잃어버린 20년 시대처럼 인구절벽의 시대로 진입했다는 사실이다. 가끔 지인들을 만나서 그들의 얘기를 듣다보면 시장전체가 초저금리가 만든 유동성의 거품에 취해 있어 미래에 벌어질 상황을 예측하지 못한다는 것이다. 시장의 변화는 우리가 인지 못하는 사이에 항상 변해왔다.

우리는 주구장창 일본의 잃어버린 20년을 반면교사로 삼아야 한다고 말한다.

일본의 잃어버린 20년은 인구절벽으로부터 시작됐다. 출생률의 감소, 고령인구의 증가로 제조업 가동률은 줄고 내수 경기는 침체를 거듭했다.

경제 팽창기에 급하게 지어진 신도시의 아파트는 인구가 감소하면서 유령 단지까지 생겨나고, 아파트 관리비도 못내 불꺼진 아파트가 하나, 둘 늘어나기 시작했다.

아베정권이 들어선 후 극단적인 양적완화 정책으로 경기부양정책을 계속 해오기 전까지는, 그렇다고 일본 경제가 완전히 살아난 것은 아니다. 인구절벽으로 인한 내수경기의 침체, 청년실업, 고령인구의 증가는 상수로 실제하고, 이는 일본경제의 잠재적 위협 요소가 되고 있다.

우리가 실감하지 못해서 그렇지 우리나라도 2016년 인구 절벽의 시기로 본격 진입했다. 우리나라의 음식점은 65만개로 인구 7.8명당 식당이 하나일 정도로, 골목상권은 팽창해왔지만 청년 인구의 감소, 내수 경제의 침체로 골목 상권 자체가 붕괴되는 시점에 와있다.

그렇지 않아도 급속히 팽창한 대기업 프랜차이즈 가맹점이 골목상권을 독점해왔다.

실물자산이라는 것은 반드시 수요·공급의 논리에 의해서만 가격이 결정되지는 않는다. 유동성이 만드는 가격의 거품은 항상 존재하는 것이기 때문이다.

그러나 인구감소, 내수경기의 침체가 계속되면 유동성이 만든 거품은 거둬지게 마련이고, 유동성에 의한 가격거품의 민낯이 드러나면 부동산 가격은 급락할 수 밖에 없다. 제발, 저금리가 만든 유동성 거품에 취해서 부동산 시장의 미래를 안일하게 보지말기 바란다.

우리나라 주택시장은 집합건물인 아파트를 중심으로 급속히 성장해왔다. 우리나라의 주택보급률은 다주택 보유자를 제외하면 이미 오래 전에 100%를 넘었다.

전통적인 가족 형태가 해체되면서 가족이 분할되고 독신가구가 급속히 증가하였지만, 이들이 선호하는 주택은 소위 스튜디오라고 부르는 하나의 주거공간에 주방시설, 침실, 샤워실이 몰려있는 원룸주택, 소형 오피스텔, 소형아파트다. 중대형 아파트는 새로운 수요를 창출하지 못한다. 그래서 중대형아파트는 관리비만 잡아 먹는 고정비 덩어리라고 부른다.

전세대란도 아파트의 가격이 상승하지 못함으로써, 내집마련 대신 전세로 사는 것이, 기회비용적으로 이익이라고 생각하고 있는 사람이 증가한 탓이다.

전세대란이 일어나고 해마다 전세가격이 오름으로써 대출금리가 낮아진 것을 기회로 분양아파트 시장에 사람이 몰린 것이다. 이것은 시장에서의 미스매칭이 야기한 것으로 단기적 현상이지 장기적으로 이어지지 못한다.

인위적으로 노동시장에서 퇴출된 조기 은퇴자들이 창업전선에 뛰어들면서 상가의 수익성이 향상된 것은 사실이다. 그러나 과연 이런 흐름이 언제까지 이어질까? 인구절벽시대로 내수경기의 침체는 우려할 수준에 와있고, 독신가구를 수요층으로 하는 원룸시장마저 성장기를 지나 성숙기로 접어들고 있다.

그럼에도 불구하고 금리대비 상대적으로 수익성이 담보되는 부동산은 500만 독신가구를 대상으로하는 원룸주택이다.

아파트시장도 평형간 가격 양극화는 더 심해질 것이다. 이 흐름은 점차 가시화 되고 있다.

한국감정원이 아파트 시세 조사를 시작한 2012년 1월부터 2016년 7월말까지 전국 주택의 월별 가격동향을 조사한 결과 전용면적 60㎡미만 소형아파트의 가격상승률이 10.4%로 가장 높았다.

같은 기간 중소형아파트(전용면적 60~89㎡미만) 매매가는 5.8% 올랐다. 중대형아파트(전용면적 89~135㎡)는 마이너스 1%, 대형아파트(전용면적 135㎡ 초과)는 마이너스 7.1% 하락했다. 아파트 매매시장에서 중소형아파트가 차지하는 비중은 전체 71만 6,714건의 매매거래중 58만 7,577건으로 전체의 81.5%다. 이는 전체가구 수에서 1~2인 가구가 차지하는 비중이 지속적으로 늘어나면서 나타난 현상이다.

최근의 부동산 가격은 정부가 부추긴 측면이 크다. 내수경기 촉진을 위해 인위적으로 부동산 부양책을 쓴 것이다. 분양아파트에 사람들이 몰려들고, 강남재개발 아파트단지의 가격이 급등했다고 해서 이를 부동산 시장의 주류흐름으로 판단하지 말라.

1년 후 부동산 시장은 소형물건, 독신가구를 대상으로 하는 임대주택 이외에는 가격이 상승하지 않는다. 여기에 미국의 기준금리 인상이 단행되면 국내금리도 올라 가계빚이 옥쇄가 된다. 부동산 투자를 안일하게 생각해서는 안 된다.

03 부동산 오르는 곳은 그만한 이유가 있다

저자가 책을 쓴다는 것은 결국에는 자신이 보고 느끼고 경험한 것을 얘기하는 것이다. 자신의 경험이 절대적 가치가 아니라고해도, 나는 2,000년 초에 경기도 일원에 7곳의 직영서점을 운용했다. 이중에서 가장 큰 매장은 용인수지에 있었다.

서울 강남과 수지를 수시로 오가면서 판교를 주의깊게 봤다. 그때는 별생각없이 주마간산식으로 봐왔지만, 이곳이 이렇게까지 대박을 치는 곳이 될지는 몰랐다. 지나고 생각해보면 이곳은 오르지 않으면 이것이 비정상이라는 사실을 뒤늦게 알게됐다.

강남에 있던 사무실을 정리하고 꽤 오랜기간 강남지역에 발을 들여놓지 않았다.

그러다가 최근에 양재동에서 서초구 내곡지구, 강남구 세곡지구, 송파구 장지동 유통단지에서 위례신도시까지 일보러 가는 길에

한 번 들러봤다.

2000년대 중반까지 국정원이 있는 헌릉 주변으로 농가주택이 드문드문 있던 곳이, 전원에서나 볼 수 있는 주택들과 아파트가 들어서 있고, 내곡 고속화도로, 용서고속도로, 강남순환고속도로까지 사통팔달의 도로가 뚫리고 세곡지구 초입에 있는 수서역 쪽으로 KTX 건설이 한창이다.

세곡지구 바로 옆으로 있는 장지동 유통단지에는 대형쇼핑시설이 들어서는 등 도시 인프라가 몰라볼 정도로 상전벽해를 이루고 있다.

장지동 유통단지는 얼마 전까지만 해도 야채를 키우던 비닐하우스 단지가 있었던 곳이다. 장지동 송파대로에서 시작하여 남한산성 바로 아래까지 단지가 조성된, 위례신도시는 새롭게 지어진 단지라기보다 기존 도시에 딱붙어 건설된 주택단지의 연장이라고 할 수 있을 정도로 도시 접근성이 탁월하다.

내곡지구, 세곡지구, 위례신도시는 강남 3개구가 획정된 개념의 신도시이지 외딴지역에 지어진 아파트 단지가 아니다.

이 지역들을 특정지어 말하는 것은 동시간대에 지어진 신도시라도 오르는 지역에는 그만한 이유가 있다는 것이다.

아무리 아파트 구조가 좋고 단지조경이 잘 되어 있다고 해도, 서울 접근성이 떨어지고 대중교통 이용에 따르는 시간소요, 교통정체, 상권이 미약한 신도시는 가격이 오르기 어렵다.

강남 3구의 아파트들이 부동산 거품 붕괴시기에도 일정한 가격 저항선을 지켜온 것은 이곳을 대체하는 지역이 없기 때문이다.

아파트시장은 부동산 거품 붕괴에 결정적 역할을 한 2008년의 서브프라임모기지론 금융위기 시점부터 평형간 가치가 180도 달라졌다. 부동산 버블을 주도한 아파트는 중대형아파트였다. 실제 이 시기에 전용면적 85㎡를 초과하는 중대형아파트가 중소형아파트보다 평균적으로 2배 이상의 가격상승이 있었다. 그래서 그 당시에는 중대형아파트 한 채만 가지고 있으면 노후걱정할 필요가 없다는 말까지 있었다.

그러나 지금은 대형아파트는 고정비만 잡아먹는 애물단지로 전락했다.

소형아파트가 뜨고 대형아파트의 시대가 끝난 흐름에는 합리적인 근거가 있다. 우선 수요층의 변동이다. 중대형아파트의 수요층인 4인 가구 이상 가구수는 2010년 31%에서 2015년 25%로 낮아졌고 2025년에 가면 17%까지 줄 것으로 예상되고 있다.

반면 소형아파트가 뜨는 이유는 여러차례 언급했듯이 주소비층의 실사구시형 구매가 늘고, 1~2인 가구의 급증에 따른 소형아파트 수요층의 확산에 이유가 있다.

시장의 속성은 투자자의 심리부분이 많이 작용하기 때문에 드러난 팩트만 가지고 미래의 시장을 판단하는 것에 변수가 있다. 예를 들어 대형아파트가 현재는 투자가치가 바닥수준이지만 공급의 절대적 감소로 인한 물건의 희소성이 부각되면 다시 오르는 일이 절대 불가능한 것은 아니다.

한국경제가 이제까지 경험하지 못한 실질금리가 1%에도 못미치는 초저금리시대, 낮아진 저금리로 시장의 돈은 갈 곳을 잃고, 여기에 전세난까지 겹치면서 아파트분양시장에 사람들이 몰리고 있다. 그러나 이 흐름이 언제까지 계속되겠는가. 유동성 버블에 의한 가격상승은 신기루 같은 것이다. 금리인상설이 구체화되고 있고, 정부는 부동산이 과열조짐을 보이자 솔솔 대출규제를 하는 정책으로 선회하고 있다. 이 시기에 집단동조화의 늪에 빠져 막차를 타는 우를 범하지 말길 바란다.

04 오피스텔 거꾸로 투자한다

월급생활을 하는 사람들에게 자신의 집이 있고 매월 월세를 받는 소형 오피스텔을 한 채 장만하는 일은 로망이다. 집합건물인 다가구원룸을 통째로 매입해 월세를 놓는 것은 웬만한 여유자금이 없으면 가능한 일이 아니다. 1억 원 이하의 돈으로 투자해 매월 은행이자의 10배를 받는 소형 오피스텔 투자만큼 안정적이며 지속적인 소득을 얻는 투자상품은 없다.

그리고 소형 오피스텔의 투자 장점은 매매가와 수익이 반비례한다는 점에 있다. 오피스텔 투자는 매매가가 높을수록 수익률은 낮아지고, 매매가가 낮을수록 수익률은 높아진다. 투자이익 측면에서 소형 오피스텔이 절대적으로 유리하다.

이는 오피스텔 시장에서만 보여지는 현상이 아니다. 독신가구를 대상으로하는 임대주택에서 공통적으로 나타나는 현상이다. 이러니까 월세가 목적이라면 꼭 도시 중심의 역세권을 고집할 필요가 없다.

2016년 7월 기준 수도권 오피스텔의 임대수익률은 인천이 가장 높다. 2014년 7월 기준으로 인천이 경기도, 서울 지역의 오피스텔 임대 수익률보다 높았다.

2014년 기준 연간 평균 임대 수익률은 인천이 7.23%, 경기도 6.17%, 서울 5.62% 였으나 2016년에는 인천 6.50%, 경기권 5.73%, 서울 5.29%로 떨어졌다.

전반적인 임대 수익률의 하락은 2013년과 2014년 분양됐던 오피스텔이 2016년 들어와서 본격적인 이주가 시작되면서 공급과잉으로 전체적으로 공실률이 증가한 결과에 의한 것이다. 2016년 하반기에 수도권에 지어진 오피스텔 입주물량이 늘면서 수익률은 더 떨어질 가능성이 크다.

특히 신축 오피스텔은 기존에 지어진 오피스텔과 비교해 매매기, 임대교기 디 높기 때문에 임대회진율이 디 밀이필 수 있다.

독신가구를 대상으로 조사한 희망 임대료는 30만 원에서 50만 원 구간에 85%가 몰려있다. 서울의 신축 오피스텔은 높은 매매가로 인해 월 임대료가 대부분 50만 원이 넘는 점을 감안할 때, 공실률의 발생이 수익성을 크게 해칠 수 있다.

서울지역의 2015년 7월 기준 오피스텔 1실당 평균 매매가격이 2억 1,875만 원에서 2016년 7월에는 2억 2,317만 원으로 올랐다. 경기권도 해당기간에 1억 6,942만 원에서 1억 7,529만 원으로 올랐고, 인천은 1억 891만 원에서 1억 1,590만 원으로 올랐다.

이를 기준했을 때, 서울 오피스텔 1채 매입할 돈으로 인천에서는 오피스텔 2채를 매입할 수 있다.

같은 돈을 투자해서 더 많은 월세를 받기를 원한다면 평균 매매가가 낮은 인천시, 부천의 중동 신도시, 수도권에 저가매물 단지가 몰려있는 시흥시 정왕지구, 안산시 고잔지구에 투자를 집중하는 것이 경제적이다. 투자상품이 무엇이든간에 그 비교의 잣대는 투자의 안정성과 수익성이 기준이 되어야만 한다. 투자 안정성이 같고, 수익성이 높다면 굳이 투자상품의 경계를 둘 필요가 없다.

여유자금이 있다면 현재로서는 독신가구를 투자대상으로 하는, 이것이 무엇이 됐든간에 소형 원룸주택에 투자해 월세를 받는 것이 안정적이며 상대적이긴하지만 높은 수익률을 보장하는 상품은 존재하지 않는다.

소형오피스텔의 수익률이 절대적으로 높다고 말하지는 않겠다. 또 최근들어 신축 오피스텔의 공급이 늘면서 매매가는 높아지고 임대수익률은 떨어지고 있다. 하지만 은행 예금상품의 금리에 절대적인 영향을 미치는 한국은행의 기준금리가 1.25%에서 동결되고 있는 상황에서 악재가 겹쳤다고 해도 은행예금상품 수익률과 비교해서 그나마 은퇴후 생활자금 마련을 고민하고 있는 사람들에게는 상대적으로 높은 투자 수익을 보장하는 것이 저가의 소형 오피스텔 투자가 된다는 것만은 틀림이 없다.

05

독신가구의 급증
부동산 가격을 새로 쓴다

　개인적으로 부동산 가격을 결정하는 것에 있어서 인구가 깡패라는 생각을 하고 있다. 1980년대 말에서 1990년초 주택 200만호 건설 아젠다로 1기 신도시가 건설된 것은 인구 팽창기에 출생한 소위 말하는 베이비붐 세대가 본격적으로 내 집 마련에 나섰기 때문에 벌어진 현상이었다. 그러나 현재는 과거와 반대로 출생률은 반토막 나고 독신가구는 급증하고 있다. 부동산 시장이 새로운 패러다임으로 전환된 것이다.

　우리 사회가 무섭게 변하고 있다.

　현재 우리사회의 변화를 읽는 키워드는 인구절벽, 소득양극화, 청년실업, 고령인구의 증가, 독신가구의 급증이다. 이 중에서 독신가구의 급증은 경제 트렌드 변화의 중심 축에 있다.

　한때 신규점포의 포화, 낮은 가맹점 수익률로 퇴출의 위기에 섰던 편의점 업계는 급증한 독신가구의 편의점 이용 증가로 편의점업계는 주가 고공행진으로 막대한 자본차익을 얻고 있다.

서울시내에서 전체 인구 중 세입자 비율이 80%에 이르러 단일지역으로는 원룸주택이 가장 많이 집중되어 있는 관악구는 다가구원룸, 오피스텔의 가장 핫한 투자지역으로 각광 받고 있다. 이곳에는 20대, 30대 초반의 독신인구로 어느 곳을 가나 사람이 붐빈다. 골목 어귀어귀마다 이들을 대상으로 하는 음식점, 유흥주점, 커피숍이 성황을 이루고 있다. 오죽하면 강남 신사동의 가로수길을 빗대 샤로수길이 생겼을까?

예전에 아파트 시장에서 소형아파트는 가치를 인정받지 못했다. 그러나 현재는 초소형 아파트까지 매물이 귀해졌고, 매매가는 수억 원 이상으로 호가하는 곳까지 생겼다.

독신가구는 매년 놀라울 정도로 급증하고 있다. 2000년에 222만 4,000가구에 불과했던 독신가구는 2010년에 약 2배인 414만 2,000 가구로 증가했고, 2014년에는 493만 9,000 가구에서, 2015년에는 511만 가구까지 급증했다. 증가 속도는 계속 빠르게 진행되고 있다. 이제는 이들의 소비형태를 모르고는 투자를 할 수 없는 지경에 이르렀다. 이들의 소비 트렌드로 수요가 급증하면서 혼자 밥먹고, 술 먹는 혼밥, 혼술 집도 크게 늘었다.

대형 할인매장에도 이들을 위한 소량의 포장상품 진열대를 넓히고 있다.

아파트 시장에서는 초소형이랄 수 있는 전용면적 50㎡이하의 아파트 수요가 크게 늘고 있다.

서울에서 가장 적은 평형의 아파트로 꼽히는 잠실 리젠츠 전용면적 27㎡형은 품귀현상으로 매물이 나오자마자 바로 소진된다고 한다. 잠실 리젠츠 27㎡형의 최고가가 5억원이란다. 이 아파트는 2005년 당시 분양가가 1억 9,000만 원이었다.

2015년 11월 입주가 시작된 아현역 푸르지오 34㎡형은 1년도 지나지 않은 상태에서 분양가 대비 5,000만 원이 올랐다.

한국 감정원에 따르면 2015년 분양된 40㎡이하 평형의 아파트거래량은 13만 8,914건으로 2014년의 11만 5,989건보다 19.4% 증가했다고 한다. 이 정도면 초소형 아파트가 대세인 것이 상수가 됐다.

초소형 아파트의 가치가 상승하는 이유는 절대적이랄 수는 없지만, 1인 가구의 급증, 실사구시의 소비문화를 중시하는 이들의 소비문화와 관련이 깊다.

통계청에 따르면 2015년 10월 기준 1인 가구는 511만 가구로 2014년 10월과 비교해 3.9% 증가했다. 이는 전체 가구 증가율 1.3%보다 매우 빠르게 증가하는 것이다. 현재 전체 가구에서 1인 가구가 차지하는 비중은 27.2%까지 높아졌다. 선진국 수준인 40%에 이르기까지는 독신가구가 계속 증가할 것으로 예상하고 있다.

개인적으로 50㎡이하의 초소형 아파트의 가격 급등을 우려스러운 눈으로 보고 있다. 언론이 서울의 특정지역을 부각시켜 보도함으로써 초소형 아파트의 경제적 가치가 급상승한 것으로 보이지만, 이것은 핵심권역으로 분류되는 일부지역에 국한 된 것이다. 부동산 투자는 물건이 무엇이 됐든 매우 신중하게 접근해야 한다. 부동산 취득과정에서 발생하는 세금부과도 꼼꼼히 따져 계산해야만 한다.

부동산 투자는 그것이 무엇이 됐든 간에 장기간의 투자기간이 요구되는 투자로 성급하게 결정해서는 안 된다.

06 30대 내 집마련에 반기를 들다

　내 집 마련에 대한 생각이 세대별로 큰 차이가 있다.

　젊은층들이 내 집 마련을 기피하는 이유로 가처분소득의 감소로 인한 여유자금의 결핍으로 인해 발생하고 있다고 말하지만, 80년대 중반 90년대부터 사회생활을 본격적으로 시작한 베이비붐 세대 역시 그들이 내 집 마련에 본격적으로 나서기 시작한 시점에도 정도의 차이는 있겠지만, 부동산 버블로 인해 높아진 집값으로 당시의 월급 수준으로는 빚을 내지 않고서는 내 집 마련이 어려웠다. 또 당시는 고금리 시대로 은행의 주택담보 대출금리가 매우 높았다.

　내 집을 마련하는 일은 어느 세대에게나 어려운 과제다. 그런데 최근들어 30대의 내 집 마련에 대한 니즈가 크게 꺾인 이유는 앞서 말한대로 소득의 감소에 근본적인 이유가 있겠지만, 내 집 마련에 대한 생각이 크게 달라진 시대상을 반영하는 것이라고 생각한다.

베이비붐 세대로 불리는 우리 세대만해도 매우 스테레오 타입한 가계 경제 계획이라는 것이 있었다. 획일적이기는 하지만 대부분 이를 매뉴얼처럼 생각하고 지켜나갔다. 학교 졸업하고 군대 제대 후 직장을 잡아 소득이 발생하면 가계 경제 계획은 누구나 내 집 마련이 최종 목표였다.

그러나 지금의 30대는 내 집 마련이라는 가치보다 다양한 관점에서 개인의 삶을 조망하고 재무설계를 해나간다. 단편적인 예지만 소득이 줄어들었다고 울상을 지으면서도, 해외여행, 해외구매는 매년 크게 늘고, 30대들은 고가 외제차 시장에서도 큰 손 대접을 받는다.

30대의 내 집 소유자가 과거와 비교해 크게 낮아진 것은 이러한 흐름이 반영된 것이다. 장기적 관점에서 주택시장의 주요 구매층인 30대의 내 집 마련의 열망이 사라지고 있는 것은 부동산 시장에 부정적인 시그널이다.

현재 서울에 거주하고 있는 30대 가구 10명 중 9명 정도가 자가 소유가 아닌 전세나 월세로 살고있다.

2016년 6월 21일 서울시가 발표한 "2016년 서울 서베이 도시정책 지표조사" 결과에 따르면 30대 가구 주의 88%가 전세와 월세로 산다.

이는 지금으로부터 10년 전인 2005년 30대 가구주의 전,월세 비율 68%와 비교해 20%이상 상승한 수치다.

내 집을 소유하고 있는 30대의 비율도 크게 낮아졌다. 2005년도에 내 집을 갖고 있는 30대는 29.5%였으나 2015년에는 12%였다. 그래서 서울에 거주하는 30대 가구주 중 내 집에 살고있는 사람은 10명중 한 명이 된 것이다.

서울의 1~2인 가구는 계속 증가하고 있다. 1~2인 가구는 2005년 전체 가구의 42.4%였으나, 현재는 이보다 6.2% 증가한 48.6%로 전체 가구의 절반에 이르고 있다. 서울의 높은 집값을 감안하면 서울에 거주하는 30대가 서울에서 내 집 마련을 한다는 것이 현실적으로 매우 어려운 일이라는 것을 모르지는 않는다.

너무 높은 집값으로 인해 30대의 내 집 마련을 포기하는 것인지, 아니면 내 집 마련의 니즈가 과거세대와 비교해 달라진 것인지 확정 짓는 것을 유보한다고 해도, 내 집 마련에 대한 세대간 가치충돌이 있는 것만은 사실이다.

시장을 이성적으로 평가하는 일은 어렵다.

자기 중심을 잡고 투자하는 사람도 적다. 이러니 저금리가 만든 유동성의 거품이 잔뜩긴 부동산시장에서 감성에 의지하는 투자를 하는 것이다. 잠시 생각을 멈추고, 세상의 변화에 귀 기울이는 시간을 가져보면 어떨까.

어느 시대나 개인에게 있어서 부의 원천은 노동을 통한 근로소득이 기본이다. 임금의 정의가 사라진 나라에서 이런 얘기를 하는 것이 현실성은 없어 보이지만 어쨌든 개인의 소득을 기초자산으로 투자해서 가처분소득을 늘리는 것으로는 부자가 되기는 어렵다. 부동산투자라고 다를 것이 없다.

2장
돈을 뛰어넘어
진정한 행복을
찾아서

01 이제 인생의 1장이 끝났을 뿐이다

　인생이 정말 찰라라는 생각이 든다. 예전에 내 나이가 된 사람을 보면 매우 고루하고 세상의 변화를 두려워하는, 무엇보다 소통이 안 되는 꼰대로 바라봤다. 그런데 내가 그 나이가 됐다.

　누사노 봉고, 톤노 봉시만 이셋들에 수신해서 인생을 빅빅한 마음으로 바라보는 사람이 되고 싶지는 않은가.

　단언컨대, 오늘 날의 오십 대는 10년 전의 오십대와 다르고, 30년 전 오십 대와는 완전히 다르다. 인간은 본래 자기애가 강한 나르시즘에 크게 영향 받는 존재라고 한다. 내가 서 있는 토대에서 사물을 관찰 하면 일반화의 오류를 범 할 수 있다. 그렇다고 해도 현재 사회 저변에서 벌어지고 있는 4050세대의 약진은 그 어느 시대에도 볼 수 없었던 현상임이 분명하다.

　요즘 오십 살이라는 나이는 과거의 오십 살과 다르다는 얘기는 주관, 감정, 관념에 의해 말하는 것이 아니다. 뚜렷한 객관을 갖고 있다. 자연 수명의 연장으로 영향 받은 부분도 있겠지만, 요즘 오십 대가 과거의 오십 대와 비교해 건강, 생각, 패션에 이르기까지 완전히 차별화된 모습을 가지고 있는 것만은 인정해야 한다. 50대와 비교한다면 지금의 40대는 청춘이다. 인간의 행복지수는 경제적 문제 이상으로 세상과 교감하고 사는 것이다. 부동산 투자도 이러한 가치를 현실화시키기 위한 도구 중 하나일 뿐이다.

나는 한창 일할 나이 때는 TV를 거의 안 보고 살았다. 40대 후반이 되면서부터 일도 줄고, 집에 있는 시간이 늘면서 최근 TV를 보는 시간이 꽤나 길어졌다.

요즘 TV방송의 특징은 떼 토크가 유행이다. 종편 방송 채널이 늘어나 경쟁이 치열해지면서 상대적으로 적은 제작비용으로 시청률을 올리기 쉬운 이유로 떼 토크가 성황을 이루는 것이다.

내가 떼 토크 방송을 즐겨보는 이유는 방송의 재미도 재미이지만, 그 보다는, 떼 토크에 대거 나오는 80, 90년대의 스타들이 친근감이 있게 느껴지는 부분도 있다.

TV에서 보는 그들의 패션, 화술은 결코 올드하지도 않고, 오히려 젊은이들보다 더 재기 발랄하기까지 하다. 종편 방송에 나오는 그들만 그런 것이 아니다.

공중파 방송의 버라이어티쇼의 주요 MC, 출연진들도 4050세대가 주축이다. 이것이 어느 시점의 일시적인 현상이 아니라, 패러다임을 굳혀진 것 같은 생각이 들 정도다.

공중파 방송이 황금 시간대에 내보내는 미니 시리즈에서도 40살이 넘은 여배우 최지우가 주연을 꿰차고 있고, 해당 방송의 주말 드라마에서는 손창민, 김미숙 같은 50대의 배우가 주인공이 되어서 중년의 사랑을 연기하고 있다. 시청자의 반응도 괜찮다. 꽃보다 할배에 나오는 이순재, 신구는 80살이나 된 노인들이다. 그러나 TV에 보이는 그들은 건강하고 지혜로운 모습으로 청춘들의 멘토 역할을 하기까지 한다.

과거 같은면 상상도 못할 모습이다. 이런 방송을 보면 자기관리만 잘하면 얼마든지 어느 분야에서든 충분히 현역처럼 일 할 수 있다는 자신감이 충만해 진다.

평론가들은 이런 흐름을 가리켜 20대 30대 배우의 기근이 빚은 결과라고 하지만 과연 그것이 이 현상의 전부일까. 그만큼 이들이 많이 방송에 나온다는 것은, 소구하는 시청자 층이 증가 한 것이다. 사실 베이비붐 세대라고 하는 56년에서 64년생은 다른 연령층보다 국민전체에서 차지하는 인구 비율이 가장 높다.

여기에다가 배우들이 연기자로서의 수명을 늘리기 위해서 자신을 관리하고 투자 한 결과, 그들은 데뷔한지 몇 십 년이 흘 렀 음에도 당당히 주연 자리를 꽤 차고 있는 것이다. 그렇다. 자기 관리만 잘 하면 나이는 숫자에 불과한 것이다.

과거의 관념으로는 상상 하기 어려운 오십이 다된 40대 후반의 여배우 김성령, 김희애를 섹시 어필하다고 젊은이들이 열광하는 시대다. 이런 흐름이 비단 연예계뿐이겠는 가.

영화, 연극, 뮤지컬, 음악, 문학 등 문화 예술계 분야에서 현재의 4050세대는 영원한 현역으로 뛰고 있다. 가왕 조용필이 60대를 넘겨 발표한 음반이 K- 팝 차트를 석권하는 시대다. 생각이 깨어있고, 노력한다면 나이란 정말 숫자에 불과 하다.

문화, 예술계뿐이 아니다. 창업시장도 50이 넘은 나이에 도전해서 성공하는 케이스들을 우리는 언론을 통해 심심치 않게 보고 있다. 어찌 생각하면 이제 오십의 나이에 노후 걱정을 한다는 것은 시대착오적인 생각일 수 있다.

그럼에도 평범한 우리들은 다가올 미래가 걱정이다. 용기를 내보지만, 자꾸만 움츠러만 드는 내 자신은 어쩔 수가 없다. 사회와 소통하지 않고, 스스로 고립된 생활을 고집하는 사람은 가난해질 확률이 높다고 한다. 오십이 넘어서 그동안 노력한 대가를 추수하는 사람도 있지만, 젊은 날에 자신의 모든 것을 소진하고 아무것도 안남은 사람도 많다. 어쩌면 이것이 우리 대부분이 처해있는 현실에 더 가까울지 모른 다.

그동안 우리의 버팀 목이 되어 주었던 네트워크는 다 사라지고 늘어가는 흰 머리와 더 가늘어져만 가는 팔·다리, 쉽게 다시 용기 내서 살 힘이 없다. 그런데도 아직 학교를 마치지 못한 자식들이 있고 딸아이는 곧 결혼한단다. 우리 노후를 걱정 할 여유가 없다. 지금 당장 떨어진 불도 못 끄고 있는 판국에… 머리로는 몇 백번을 용기 내보자고, 되뇌지만 현실로 돌아오면 다시 무력 해진다.

그러나 어쩌겠는가. 이것이 우리의 인생인 것을. 다시 한 번 용기를 내서 살아보자. 그리고 누군가 말했듯이 인생의 2막에 해당되는 나이라는 데, 까짓것 한 번 부딪쳐나 보자. 세상의 모든 일이 다 그렇듯이 작은 용기와 실천이 나를 변 하게 하는 원천이다.

4050세대들이 마음만 달리 먹으면 새로운 인생을 사는데 있어 더 유리한 위치를 점하고 있다. 생각을 해봐라. 우리의 30대를. 그때 우리는 의욕만 넘쳤지 무엇을 어찌할 바를 몰랐다. 지식이야 선배들을 능가한다고 자만하고 있었지만, 세상은 이것만으로는 안 된다는 사실만을 뼈저리게 느꼈다.

지식은 마일리지 쌓는 것이 아니다. 책만 읽는 다고 자동적으로 마일리지가 늘어나는 시스템이 아니다. 지식보다 세상을 보는 성찰의 힘, 그리고 무엇보다 수많은 실수에서 배우는 생생한 경험자본들. 이것이 수많은 책을 읽는 것 보다, 사회에서의 경쟁력이라는 측면에서는 우위에 있다. 우리는 그런 능력의 소유자들인 것이다. 두려워 할 필요가 없다.

그렇다. 우리는 경험자본이라는 측면에서 결코 가질 수 없는 경쟁력 우위를 확보하고 있다. 그런데 왜. 용기가 없기 때문이다.

의학적으로 남성은 나이가 먹어감에 따라 여성호르몬이 증가한다고 하는 사실은 과학적으로 증명된 팩트다. 그래서 인지 마음은 청춘인데 자꾸 소심해지고 움츠러 드는 내가 싫다.

용기를 내보려하지만 마음먹은 대로 되지 않는다. 그냥 남아 있는 시간, 도전보다는 어떻게 해서든 질기게 살아남는 방법부터 먼저 찾고, 이것이 여의치 않을 때에나 가서 생각해보마하고 마음먹는 다. 텅 빈 창고에 치즈가 다 사라지는 날까지. 그리 고 나서 뒤늦게 후회를 할 것이 눈에 보인다. 하지만 알아야 할 것이 있다. 우리에게 남아있는 시간이 그리 길지가 않다.

시간은 나이와 반비례 관계에 있다. 나이가 먹어감에 따라 시간은 더 빨리 지나간다. 머뭇거릴 여유가 없다.

젊었을 때 무모함 하나로 도전을 멈추지 않았던 기억을 되살리자. 그 때와 비교하면우리는 생생한 경험자본이 넘치지 않은가. 실패에 대한 두려움은 지워버리고 무엇이 됐든 용기 내서 도전 해보자.

옷도 다시 잘 갖춰 입고, 머리에 젤이라도 바르고. 너무 올 드 한 티를 내지 말고. 다시 시작한다는 기분으로.

이 순신 장군 버전으로 "우리에게는 아직 50년의 삶이 남아 있습니다."

삶에 지쳐있는 우리 세대들에게 정말 들려주고 싶은 말이다.

어차피 인간은 아무리 자연수명이 길어졌다고 해도 봄, 여름, 가을 그리고 겨울을 100번 이상 반복하면 세상의 먼지도 사라지는 존재다. 이를 거부할 수 있는 인간은 세상에 존재하지 않는다.

돈을 뛰어넘어 인생의
소중한 가치를 되새긴다

한국 부모의 자녀에 대한 사랑은 시대가 바뀌고, 세월이 그만 큼 흘렀는데도 변함이 없다.

어쩔 때는 자녀의 미래와 나의 행복을 맞바꾼처럼 생각되기도 한다. 그러나 내가 나의 행복을 맞바꿀 정도로 사녀를 열심히 뒷바라지해도 결국에 아이들은 우리의 곁을 떠난다.

대한민국 엄마들의 자녀 사랑은 유별나다. 철부지였던 여성도 아이를 낳으면 자신의 거의 모든 것들을 내려놓고, 아이를 헌신적으로 돌본다. 이는 여성만이 가지고 있는 어머니라는 위대한 유전자가 아니고서는 설명 할 길이 없다. 그래서 이 세상에 존재하는 어머니들은 다 위대한 것이다.

그런데 사랑의 도가 지나쳐서 우리 공동체에 해가 되는 일도 있다. 사실 우리 젊은이 들을 고통의 늪에 빠트리게 하는 "학벌주의"

소위 말하는 "스펙문화" 등 등. 과연 내 아이만 좋은 학교가고 스펙이 좋다고 해서 우리가 사는 공동체의 행복지수가 오르기라도 하는가.

그리고 또 우리가 모든 정성을 다 들여 아이들을 키운다고 해서, 우리의 아이들이 학벌 사다리 타기의 그 좁은 문을 통과하리라고 누가 장담 할 수 있는가. 우리가 아이들을 정말 위한다면 상위 1%만 득을 보는 잘못된 사회구조를 바로 잡는 일에 연대해 이를 개혁하는 것이지, 평범한 내 아이를 상위 1%의 아이만 이득을 보는 링에 올려 보낼 일이 아니다.

솔직해 보자. 우리가 서울 대를 못가서 우리의 인생이 불행해졌는가, 또 내가 서울 대를 나왔다고 내 인생이 행복해졌겠는가. 아니면 내가 소위 사자가 들어가는 전문직 종사자가 아니라서 내가 부자가 못되고, 성공하지 못 한 것인가. 정말 아니다. 세상 속으로 들어가 보면 이것은 인생의 아주 작은 부분에 불과하다. 내가 사회생활에서 만난 그 수많은 사람들 중에 성공한 사람들은 자신의 일에 매우 성실한 자수성가형이 대부분 이었다. 이를 두고 일반화의 오류라고 한다면 할 말은 없다.

만약에 정말 아이들을 위한다면 우리가 해야 할 일 들은 99%의 아이들을 한 순간에 루 저로 만들어 버리는 학벌 사다리 타기의 구조를 개혁하는 일에 힘을 모으는 일이다. 그것이 우리 모두를 행복하게 하는 일임을 왜 모르는지.

진화 심리학자들은 웃자고 하는 말로 이런 말을 하고 있다. "두 살 먹은 아이들이 총을 들 수 있는 힘만 있어도 전 지구인의 절반은 죽었을 것이라고" 그렇다. 인간은 육체적으로만 진화해온 것이 아니다. 도덕 윤리적으로도 진화 해왔다. 그런 측면에서 공동체의 가치를 우선시하는 북 유럽의 국가들은 지구촌에서 가장 진화된 인간이 서식하는 곳이다. 제발 우리 어머니들도 공동체의 구성원 모두가 행복한 사회가 내 아이들도 행복하게 한다는 것을 알아야만 한다. 덴마크에서는 의사보다 병원을 청소하는 미화원 분들이 더 행복하다는 것이 괜히 나온 말이 아니다.

그리고 우리는 자식에 대한 사랑을 투자라는 개념으로 왜곡하기까지 한다. 그러니 자신의 의사와 다른 길을 가는 아이들의 뒤에다 대고, 내가 너를 어떻게 키웠는데 하고 하소연 한다. 그러나 아이들은 들은 체, 만체 제 갈 길을 간다. 여기까지 얘기가 신파조처럼 한물간 레퍼토리로 들릴 수도 있지만, 여전히 현실에서는 흔히 볼 수 있는 광경이다.

어쩌면 과거 보다 더한 감이 있다. 아이들이 군대에 가면 부대장을 찾아가 이들 보직 바꿔달라고 하지를 않나, 해외근무를 하지 말게 해달라고 직장 상사를 찾아가 읍소하는 부모까지 있다. 그리고 결혼 한 자식의 가정문제까지 깊게 개입하지 않으면 밤잠을 못 이루는 엄마들도 많다.

이것은 부모가 찌질 한 것도 있지만, 아이들이 덜 성숙해서 벌어지는 현상 이다. 몸은 어른인데 생각은 어린 애를 못 벗어난 부모들이 너무 많다. 자녀의 삶에 깊숙이 개입하고, 그 아이들을 위해 경제력을 다 소진한다고 해서, 그 아이들이 부모의 고마움을 알까. 받기만 한 아이들은 부모의 고마움을 알 턱이 없다. 당연하다고 받아

들인다. 그렇게 해서 설사 이 아이가 좋은 학교가고 좋은 직장 얻으면 무엇 하겠는 가.

부모는 아이의 선택을 도와주는 역할에서 끝나야지 그 아이의 인생에 개입 할 권한이 없다.

독립적으로 큰 아이들이 타인에 대한 배려도 아는 것이고, 자립심도 있는 것이다. 우리 이제 자녀에 대한 욕심은 내려놓고 내 옆의 짝을 위한 인생을 살아보자.

오랜 기간 부부로 살아 왔어도 자식 뒷바라지에 치여 부부간에 소통이 안 되는 경우를 너무 많이 봐왔다. 그리고 자녀가 떠난 빈자리에 부부만 남게 되면 서로 무슨 말을 해야 할지 그저 멍해진다. 그렇다. 아이들을 중심으로 가족관계가 이뤄지다보니, 아이들이 떠난 후 공백을 메울 길이 없다. 사랑도 해본 사람이 하는 것이지, 이미 몸은 늙고 사랑의 감정은 다 식은 상태에서 부부관계를 회복한다는 것이 말처럼 쉬운 일이 아니다. 사랑도 연습이 필요하다. 부부간에 스킨 십 을 늘리는 노력을 해보고, 취미생활을 공유하면서 부부관계가 회복되는 사례도 많다.

돈을 뛰어넘어 인생의 소중한 가치 중에서 부부관계의 회복이 최우선 이다.

늦었다고 생각하지 말고 시작해보자. 나이 먹어 부부관계가 깨지면 정말 답이 없다. 돈은 그 다음의 문제다.

우리는 지금까지 죽을힘을 다해 노력하며 살아 왔다. 명분도 있었다.

자녀들을 잘 먹이고, 좋은 학교에 보내, 아빠처럼은 살지 말기를 바라면서, 그래서 그렇게 잠을 줄여가며 일을 해왔다. 그런데 말이다. 그런 아빠를 아이는 존경하지도 고맙게도 생각 안한다.

아이에게 아빠는 일 때문에 자신들과 놀아 주지도 않았고, 주말도 귀찮다며 잠 만 자던 아빠로 기억 될 뿐이다. 도무지 아빠하고 함께한 추억이 없다. 이제 내가 시간이 많아 자녀들과 시간을 보내고 싶지만 아이들이 바쁘단다. 그리고 갑자기 친근하게 다가오는 아빠가 너무 낯설고 불편하다. 아이들은 엄마하고만 말을 한다.

우리는 억울하다고 말하지만 당연한 결과다. 우리는 무엇이 가족들을 행복하게 하는 일인지 처음부터 관심이 없었다. 그저 자기만 만족하고 살았을 뿐이다. 우리 나이에 성공한다는 것이 무슨 의미가 있는 가. 우리 나이에 성공이라는 단어를 재정의 한다면 돈을 뛰어넘어 인생의 소중한 가치를 다시 마음에 새기고 실천 하는 것이 아닐 까.

이 책은 재테크 책이 분명하다. 그런데 우리가 재테크를 하는 이유가 무엇인가. 단지 돈 뿐인가. 아니다. 행복하게 살기 위해서다. 그래서 가족 간의 관계를 재정립 하는 것이 필요한 것이며, 아내와의 소통이 중요한 것이다. 재테크는 이를 이루는데 필요한 도구 중 한가지 일뿐이다.

03 아내라는 이름의 여성을 재발견하라

요즘 아내가 나를 귀찮아하는 표정을 숨기지 않는 다. 집 밖을 나가지 않고, 삼시 세끼를 아내가 차려주는 밥만 먹는 나를, 최근에 유행하는 말로 삼식이라고 비아냥 거리기까지 한다. 예전에 아내는 이런 사람이 아니었다., 남편에게 함부로 하는 일은 꿈에도 상상 못 하는 일이 었 다. 그런 아내가 변했다. 한 번 성을 내고 싶어도, 그나마 밥도 못 얻어먹을 까봐 끽소리도 못하고 지낸다.

어쩌다 내 처지가 이 지경까지 왔는가. 일본에서는 남편이 퇴직하고 연금을 받는 시점이 되면 아내들이 이혼을 요구한다는 소리를 들은 적이 있어서, 혹시 우리아내도…….

이제 아내가 두렵기까지 하다.

아내의 마음을 돌리고 싶은데 그 방법을 모르겠다. 아, 이 긴긴 노후를 이렇게 살수는 없는 노릇이고. 답답하다. 이런 고민 한 번

쯤 안 해 본 사람이 있을 까.

부부마다 다 상황이 다르니까 이를 일반화시켜 말 할 수는 없는 노릇이고. 그래도 말을 한다면 마초사회를 살아온 우리 남자들의 아내를 대하는 방식에 문제가 있는 것만은 분명하다.

나는 배려라는 것은, 그의 입장에서 세상을 함께 바라봐주는 것이라고 생각을 하고 있다. 그런데 우리가 언제 아내의 입장에서 생각하고 행동을 해봤겠는 가. 그 결과가 이렇게 아내의 반응으로 나타난 것이다.

아내의 입장에서 나는 나쁜 남편으로 살아 왔다. 나는 남자는 밖에서 열심히 돈을 벌어다 주고, 아내는 집안 살림 잘하고, 아이들 잘 키우면 된다고 생각하며 살았다. 나는 이 미션에 매우 충실 했다고 자부할 수 있다. 그런데 나는 내 아이의 귀저기 한번 갈아준 적이 없고, 설거지를 해본 기억이 없다. 그래도 나는 내가 충실한 가장 이라고 생각하며 살았다. 그리고 시간이 나면 밖으로만 돌았다. 가족과 오 붓 히게 외식을 한 기억도 가물가물히다. 아이가 이렇게 컸는지 지켜보지 않았으니 알도리가 없다.

어느 날 내 어깨의 힘이 빠지고, 사회생활에서도 한 발짝 물러나면서 보니, 아이는 어느새 부쩍 자라 군대에 간다고 한다. 이쯤 되면 아내의 입장에서 나는 정말 나쁜 남편으로 살아 온 것이다.

내가 집에 있는 시간이 많아지자, 반대로 아내는 밖에서 보내는 시간이 많아졌다. 나는 그러려니 했다. 그런데 후에 안 얘기지만 아내는 집에 있는 내가 몹시 불편했던 것이다.

집에 같이 있어도 나는 소파에 덜러덩 누워 TV 리모컨으로 채널

돌리기만 할 뿐, 여전히 아내가 무슨 일을 하는 지 도통 관심이 없다.

그러던 어느 날 아내의 동선을 유심히 따라 가 보았다. 아내는 식사 준비를 하는지 국을 불에 앉쳐놓고 무채를 썰고 있다. 그러는 와중에 전화기를 들고, 누군가와 통화를 하고 있다. 휴가 나온 아들 녀석의 잔심부름도 바로 바로 해준다.

예전에는 눈 여겨 보지 않아 몰랐지만 자세히 보니 아내는 이 일들을 전혀 어렵지 않게 동시에 다 해내고 있는 것이 아닌가. 아내는 가사 일에 있어서만큼은 박지성처럼 지치지 않는 멀티 플레이어 였던 것 이었다.

내가 회사일로 힘들다고 투덜 될지언정 아내는 한 번도 나에게 가사 일이 힘들다고 내색 한번 하지 않고 살았다. 그리고 남편, 아이들 일이라면 묻지도 따지지도 않고 매우 헌신적으로 내조 했다. 나는 이것이 당연한 일이라고만 생각했다. 그러나 집에 있는 시간이 늘면서 아내의 가사 일이 보통 힘든 일이 아니라는 사실을 알게 되었다.

그렇다. 우리는 돈을 벌어온단 핑계로, 바쁘다는 이유로 아내가 내게 무엇을 원하고 있는 지조차 모르고 살았다. 아내는 나 이상으로 가족을 돌보고 아이들 교육시키는 일에 최선을 다하고 살았던 것이다. 내가 이것을 모를 뿐이었다.

지금 와서 생각해보면 부모의 삶이 아이들에게 대물림된다는 생각이 든다. 나는 자라면서 아버지가 한 번도 부엌에 들어가는 모습을 본적이 없고, 어머니도 공부만 하라고 했지, 어머니 일을 도와달라고 한 적이 없다. 나로서는 이 모습이 너무도 당연한 일이었고, 아내와 살면서도 그 생활은 대를 이어 반복 되어왔다.

젊은 여성들 사이에 결혼은 미친 짓이라고 한다고 한다. 결혼에 드는 비용도 부담이 되지만, 그보다는 맞벌이 가정이 늘고 있는데도 불구하고, 가사 노동과 육아는 여전히 여성이 전담하다 시피하고 있다. 그렇다고 하루 종일 아이들 돌봐주는 곳도 적고, 이런 상황에서 자아가 강하고 평등의식이 높아진 젊은 여성들의 입장에서 결혼은 미친 짓 까지는 아니더라도 여자들의 무덤이라는 말에는 공감하지 않을 수가 없다.

혹자는 아내들이 남편이 은퇴하고 힘 떨어지게 되니까 버리는 것이 다 라고, 비난 하지만. 어쩌면 그 결과는 가정을 돌보지 않고 살아 왔 으면서도 늙어서까지 가정 내에서 갑질을 하려고 하는 남편을 향해 참아 왔던 아내의 복수라고 볼 수도 있다.

나이 먹고 늙으면 남자는 남성 호르몬이 급격히 떨어지고, 그동안 자신을 지켜주던 네트워크 내의 인맥도 더 시리진다. 고립되고 싶어 고립되는 것이 아니다. 사회관계의 단절이 그를 고립 시키는 것이다. 늙어서 잔소리만 늘고 있으니 반겨주는 곳도 없다. 나이 먹으면 말 수를 줄이는 것이 타인에 대한 배려라 했거늘 잔소리와 이기적 강짜만 느니, 누가 좋아 하겠는 가.

여러 가지 사업을 동업을 통해 성공한 사업가가 말하기를, 동업을 해서 사업에 성공하려면 여성 파트너와 사업을 하라고 말한다. 그가 말하기를 여성은 남성보다 우선 지구력이 강하고 의리가 강해, 상대를 배신하지 않고, 최악의 상황에 처해도 이를 극복하는 존재이기 때문이란 다. 그의 말이 아니더라도 모성애로부터 온 여성의 헌신성은 남성이 갖고 있지 못하는 유전자다.

아내를 단지 내 여자라고 생각하지만 말고, 아내를 뜻이 통하는 동지로 여기고, 함께 인생을 헤쳐 나간다면 개인이 독주하면서 발생하는 오류와 실패를 상당 부분 줄일 수가 있다.

아내를 동지로 여기는 순간, 당연히 모든 일을 같이 상의해서 해야 하고 가사노동도 분담해서 해야 한다. 이렇게 만 된다면 아내가 나를 왜 멀리 하겠는가. 우리의 행복한 노후, 아내의 손에 달려 있다는 것, 잊지 말도록. 내가 페미니스트라서 이런 얘기를 하는 것은 아니니 절대 오해하지 말기를⋯⋯.

04 좋은 부모란 자녀의 선택을 도와주는 존재

팔레스타인 자치지구 가자를 무차별 공격해 무고한 시민, 어린 아이들을 살상 하는 이스라엘에 대한 세계인의 비난은 어제, 오늘 일이 아니다. 그래서 유대인의 교육법을 말하는 것은 그것과 상관 없는 일이다 해도 좀 꺼림칙 한 것은 사실이다.

그런데 어떻게 미국 내 유대인은 미국 국민의 2%도 안 되는 소수 인종이면서, 막대한 부를 소유하고 많은 노벨상 수상자를 내는 것인지, 그들의 자녀 교육법이 궁금해지는 것도 사실이다.

유대인들의 결속력은 어느 지역이 됐든 매우 강하다. 그들 민족이 로마군에 의해 멸망함으로써 타의에 의해 세계의 유랑민으로 전락하면서 부터 이 민족의 고난의 행군은 수천 년 이상을 이어 왔다.

그들은 남의 땅에서 살아남기 위해서 뭉쳐야 했고, 지역 내의 커뮤니티를 강화해 그들의 민족적 정체성을 지키면서, 그들의 공동

이익을 위해 세상과 맞서 싸워야 했다. 그래서 세계 어느 곳이든 유대인 커뮤니티 단결력은 타 민족의 커뮤니티를 압도 한다.

어느 곳이 됐든, 유대인 커뮤니티에서는 아이가 13세가 되면 반드시 치러야하는 "성인식" 이 결혼식 이상으로 중요시 되어왔다. 이 과정을 통과함으로써 아이들은 유대인 커뮤니티의 일원으로 인정받는 것은 물론 성인으로 존중 받게 된다.

유대인의 인생에서 가장 중요한 의식인 성인식이 치러지면 같은 지역에 거주하는 유대인이 다모여 축하를 한다. 이 때 들어오는 축의금이 7만 달러에서 15만 달러에 이른다고 한다.

우리 같으면 자녀가 어리다고 부모가 그 돈을 꿀 꺽 하겠지만, 유대인 부모들은 그렇게 하지 않는 다. 그 돈은 자녀의 돈이라고 생각하고, 그 돈을 자녀의 명의로 해준다. 다만 그 돈의 운용에 대해서는 돈의 주인인 자녀와 머리를 맞대고 도와주는 역할을 한다.

이렇게 운용한 돈은 자녀가 법적인 성인이 되었을 때 "자녀가 계획한 그 무엇을 할 수 있을 정도의 돈이 된다." 자녀들은 그 돈으로 스티븐 스틸버그처럼 헐리우드로 날아가 영화감독을 꿈꿀 수도 있고, 뉴욕거리의 보석상이 될 수도 있다. 아니면 대학을 진학해 자신이 하고 싶은 공부를 할 수도 있다. 그 선택은 자녀가 결정한다. 부모는 이 일에 간섭하지 않는다.

만약 스티브 스틸버그 감독의 부모가 그가 머리 좋은 자식이라고 해서, 우리처럼 획일화 된 선택을 강요 했다면, 그가 세계적 감독이 되지 못 됐을 수도 있다. 유대인 부모들은 자녀는 자신의 소유물이 아니라, 하나의 인격체로 그들의 선택을 존중해주고 다만 그들의 선택 과정에 도움을 주는 역할을 하는 것에 만족 한다.

우리는 어떤가. 상위 1%의 아이들만 덕을 보는 학벌의 사다리 타기 경쟁에 아이의 재능은 묻지 않고 무조건 그 틀에 가두어 키우는 것을 정도라고 생각한다. 그런데 이렇게 한 번 생각을 해보자.

아이에게 들어가는 사교육비의 절반을 저축해서 모아 두었다가, 아이들이 성장해 무엇을 선택하던 간에 그 돈을 아이들의 손에 쥐어주어, 아이들이 자신의 미래를 선택하는 일에 도움을 준다면, 아이들은 과연 어떤 생각을 할 까. 아마 이 돈으로 대학에서 공부하겠다는 아이도 있을 테고, 자신의 재능을 살려 다양한 방면의 교육을 받을 수 있는 의미 있는 돈으로 사용 할 것이다. 그렇다면 아이는 사교육을 덜 보낸 부모를 원망하기 전에 부모의 결정에 진정한 고마운 마음을 갖지 않을 까.

과거의 엄마들은 아들을 낳지 못하면, 스스로 죄인이라고 자책하고, 아들 못 낳은 며느리는 시부모로부터 구박을 받는 것이 당연한 일이 었 다. 이는 외심의 어기기 없이 아들은 대를 잇는다는 명분에 앞서, 아들은 부모의 노후를 책임지는 존재 였 기 때문이다.

지금은 이것이 가능한 시대가 아니다. 칼리 지브란의 예언자 시에 나오는 문구처럼 부모는 그저 아이를 사랑하고 그의 선택을 도와주는 존재이지 무엇을 강요해서는 안 된다.

우리 세대가 부모로부터 물려받은 긍정적, 정신적 유산도 분명히 있을 것이다. 그러나 그 것 보다도 우리 자신이 자식에게 최선을 다하고 있다는 최면을 걸어 우리 스스로 자기 만족을 얻기 위함이 아닌 가하는 위악적인 생각도 든다.

우리는 생활비를 줄여가며 자식을 좋은 대학에 보내기 위해 많은 희생을 했다고 말하지만, 과연 그렇게 한다고 해서 자식들이 그 노력을 어찌 알아 줄 것이며, 우리가 원하는 대로 좋은 대학에 진학하는 것도 아니다. 적어도 대한민국에서 학벌로 득보는 계층은 상위 1%도 되지 않는다. 그렇다면 우리가 그토록 자식농사를 위해 노력했다고 자위하는 것이, 결국 우리 자식의 99%를 루 저로 만드는 일에 일조 했을 뿐이다. 우리가 우리 자녀들을 위해 먼저 해야 할 일은 자녀들을 사교육에 내몰기 전에 공정한 경쟁 사회가 되도록, 현재 인간을 소고기 등급 매기듯이 차별하는 교육풍토를 없애는 일에 연대하는 것이다.

우리가 상위 1%만 그 이익을 보는 학벌의 프레임에서 벗어나지 못한다면 그 안에 들지 못하는 나머지 99%의 자녀들은 루 저가 될 수밖에 없고, 이렇게 일찍부터 무너진 자녀들의 자존감은 그 트 라 우마가 오래간다.

세상은 바로 당신의 아이가 원하는 대학에 가지 못했다고 생각하는 99%의 아이들에 의해서 돌아가는 것이다. 우리 시대의 배우 송강호가 좋은 학교를 나와서 당대의 배우가 된 것인가. 적자생존의 대학로 연극 가에서 배고픔의 설움을 겪어가면서 인생의 쓴 맛, 단맛을 다 본 후의 내성이 만들어져서 당대의 대배우가 될 수 있었던 것이다.

요즘 기업의 인사 담당자들이 이구동성으로 하는 말이 있다. 최근에는 소위 말하는 레퍼런스가 쟁쟁한 이력서가 차고 넘친다. 설사 학벌 줄 세우기의 끝판 왕이라고 하는, 아이비리그의 대학을 나왔다고 해서 누가 우러러 보는 시대가 아니란 말이다. 당신의 주변을 봐라. 세상을 주도하는 것은 역시나 평범한 우리네 같은 보통 사람이다.

우리가 알게 모르게 학벌주의자들이 쳐 놓은 프레임 안에서 세상을 바라봐서, 그렇지 세상은 이미 보통 사람들에 의해 점령 당해 있다.

따라서 당신의 자녀들이 원하는 대학에 못 갔다고 해서 실패 한 것도 아니고, 이 때문에 성공적인 인생을 못 사는 것도 아니다. 바로 우리들처럼. 우리 더 늦기 전에 자녀들의 선택을 존중해주고 그들을 지지해주는 친구 같은 부모가 되자. 투자도 마찬가지다. 어디 우리의 의지대로 세상이 움직여주던가. 오르면 다행한 일이고, 오르지 않아도 어차피 내가 살 집인데 신경쓰지 않고 살면 된다. 부동산 투자로 돈 버는 것보다 행복하게 사는 것이 중요하지 않은가.

부동산 투자로 돈을 벌었다면, 인생을 열심히 산 대가로 받은 덤이다.

05 건강없이 행복한
노후를 바라지 마라

우리가 노후 준비에 대해 가장 잘 못 생각하고 있는 것이 바로 돈만 있으면, 모든 노후 준비가 끝나는 것으로 알고 있는 부분이다.

그러나 삶의 질이라는 관점에서 본다면 돈은 행복한 노후를 위한 도구 중 하나 일 뿐이다. 최근의 경향은 삶의 질을 기준으로 해서 개인의 만족도를 측정하는 것이 흐름이다. UN에서는 이를 계량화해 나라 별 행복지수를 발표 하고 있다.

개인의 행복지수를 산정하는 항목 중에서 중요한 것이 개인의 건강, 자연환경, 국가가 제공하는 복지 프로그램, 사회의 성숙도를 말해주는 시민의 연대의식 등이다.

돈은 그 아래의 순위다. 개인적으로 아무리 돈이 많다고 해도 집 밖을 나서면 흉폭한 범죄에 바로 노출되고, 극심한 빈부의 차이로 민심이 흉흉한 사회에서는 개인의 행복지수는 확 떨어질 수밖에 없다.

의학의 발전, 영양가 있는 식사로 현대인의 자연수명은 계속 길어져만 가고 있다. 그러나 몸이 항상 아프고 골골되는 사람에게도 과연 자연수명의 연장을 축복이라고 만 할 수는 없을 것이다.

우리가 노후준비를 위해서 재테크를 하는 이유는 조금 더 돈을 더 벌기 위한 것이 아니다. 재테크는 단지 행복한 삶을 살기위해 필요한 도구 일 뿐이다. 그래서 인생의 2막을 막 시작 하는 나이에 있는 우리는 돈을 뛰어넘어 행복이라는 가치의 재정립이 필요하다.

많은 사람들은 말을 한다. 참 세상 살기가 어렵다고. 그거 몰라서 묻나하고 넘어 갈 일이 아니다. 요즘 살기가 예전과 비교해 빡빡해진 것은 구조적인 문제도 있다.

젊었을 때 나는 한 푼 이라도 돈을 더 벌기위해 잠을 줄여서 일을 했고, 주말에도 회사에 나와 잔업 근무를 마다하지 않았다. 그럼에도 나의 생활은 나아지지 않았고, 행복하지도 못했다. 세상 살면서 이런 고민 한 번 안 해본 사람이 어디 있겠는가.

앞에서 도 말을 했지만 지금은 많이 일해도 더 많은 돈을 벌기가 구조적으로 어려운 시대다. 경제성장은 정체되고 소득은 감소하는데, 나만 돈을 많이 번다는 것이 사실상 어렵다.

세계 전체가 글로벌 기업의 생산기지화 됨으로써, 대기업은 생산단가를 낮 출수 있는 곳이라면 국내 공장을 미련 없이 버리고, 오지에라도 가서 공장을 짓는 시대다. 좋은 일자리가 늘어나기 어렵다.

이런 이유가 아니더라도 사람들은 왜 세상은 자신의 노력을 몰라주는 것이냐 며 하소연을 한다. 여기에 대한 답을 말하자면 세상살이가 원래 그런 것이다. 그래서 인간세상은 본래 부조리하다고 말을 하는 것이다. 그래서 종교에 의지하는 사람이 많은 것이다. 그래도 신만은 나의 이런 고충을 알아줄 것 같아서. 그러나 이런 사람도 있다. 자기의 의지로 이 부조리한 삶을 깨고 진정한 자유인으로 살겠다고.

개인적으로 행복지수를 높이는 방법이 바로 건강한 몸이다. 나이는 숫자에 불과하다고 하지 않는가. 또 태어나는 것에는 순서가 있어도 무덤으로 가는 길에는 순서가 없다는 말도 있다.

건강하지 못한 몸으로 하루를 더 살면 과연 행복할까. 물론 인간의 생명은 존귀한 것으로 그 자체만으로도 의미가 있는 것이지만.

건강과 관련하여 내 경우는 너무 극단적인 측면이 있어서 일반화시키기에는 문제가 있다. 그래서 조심스럽지만 그래도 나의 경우를 말 해보겠다.

나는 사회생활을 시작하면서부터 만성 간질환에 시달렸다. 그 몸으로 술자리를 마다하지 않고 쫓아다녔으니 당연히 건강에 적신호가 왔다. 급기야 장기간 병원에 입원하여 인터페론을 처방받고 나서부터는, 주사기를 들고 내가 직접 내 몸에 피하주사를 놔야만 하는 고통스러운 일을 1년에 걸쳐 한 다음에야 겨우 치료가 됐다. 그럼에도 나는 그 후에도 여전히 흡연을 하고 술자리를 피하지 않았다.

운동도 하지않고 규칙적이지 않은 식사와 폭식 등으로 한국인의 정상적인 키를 가진 나의 몸무게는 40대 후반 까지도 항상 90kg이 넘었다. 비만에서 오는 고지혈증, 고혈압, 당뇨질환 등 성인병이라는 성인병은 다 갖고 있었다. 정상적인 사회생활이 불가능 할 정도였다.

아직까지도 담배를 완전히 못 끊고, 폭식하는 습관이 없어지지는 않았지만, 몇 년 전 부터 나의 몸무게는 80kg 초반을 유지하고 있다. 물론 정상적인 체중에서는 많이 오버 되어 있기는 하지만 몸무게가 10kg이상 줄면서 혈압도 정상으로 돌아오고, 당뇨중세도 거의 없어졌다.

그리고 무엇보다 몸이 정상 상태로 돌아오니 우선 의욕이 앞선다. 지금 나는 빠른 속도로 쉬지 않고 10km는 거뜬하게 걷고, 웨이트 트레이닝을 꾸준히 한 결과 몸에 근육도 생겼다. 내 몸에 근육이 생긴 것은 태어나서 처음 있는 일이다. 무거운 짐도 잘든 다. 진 작에 이렇게 할 걸, 살짝 후회가 되기도 한다.

많은 사람들은 새해가 오면 이구동성으로 담배를 끊어야지, 하루 한 시간이라도 운동을 해야지 하면서도 작심3일로 끝나는 경우가 허다하다.

그리 거창하게 계획을 안 세워도 된다. 나 같은 경우는 그냥 무조건 걸었다. 차는 집에다 고이 모셔두고, 대중교통을 이용해 사람들을 만나러 다니고, 퇴근길에는 거의 두 정거장 거리 정도는 미리 내려 걸었다. 그리고 폭식의 원인이 되는 저녁 회식자리를 되도록 피했다. 이렇게 힘들이지 않고 한 달이 지나니 뱃살이 확실히 줄고 조금 걸었을 뿐인데도 쌕쌕거리던 호흡이 달라졌다.

이와 병행해서 근력강화운동을 꾸준히 하고, 주말에는 시간을 내서 집 근처의 둘레 길을 걸었다. 산속을 걷다보면 인체에 유익한 피톤치드가 도시의 숨 막히는 생활에서 생고생을 한 내 몸의 건강성을 서서히 회복 시켜주는 느낌이다.

현재 나는 내 몸의 신체변화가 나의 자연수명을 꽤 많이 늘려 줄 것으로 기대하고 있다. 요즘은 면역력이 강화 된 때문이지 병원에 가는 횟수도 크게 줄었다.

기회비용 적으로 계산해서 나는 발이 편한 좋은 운동화 하나로, 결코 숫자로 환산할 수 없는 인생의 전환기를 순조롭게 넘어가는 행운을 잡았다.

노후의 생활비에서 지출이 가장 많은 것이 의료비다. 실제 65살 이후의 연령층에서 의료비는 급격히 증가한다. 그런 면에서도 노후 재테크에서 가장 효과가 있는 것이 "건강 챙기기다." 몸이 허약해지면 질병에 노출되기도 쉽고, 무엇보다 의욕적으로 일을 할 수가 없다. 나이 들어서 가장 좋은 치매 예방법이 몸을 움직여 일을 하는 것이라고 하지 않나.

나이 들면 느는 것은 시간이고 잡념이다.

그리고 고립되면서 외로움은 더 해진다. 없던 우울증도 생긴다. 치명적인 질병은 대개 스트레스에서 오는 것이다. 스트레스가 쌓이면 몸의 면역체계가 무너지고 건강한 삶을 살지 못한다.

왜 이런 말이 있지 않은 가. 강한 자가 이기는 것이 아니라 끝까지 살아남는 자가 이기는 것이라고. 그래, 끝까지 건강하게 살아남자.

06

말수를 줄이고
배려하는 마음을 채워라

수의에는 주머니가 없다는 말을 골 백 번을 들었어도, 쉽게 내려놓을 수 없는 것이 인간의 탐욕이다. 돈이 많아도 죽어서는 어차피 갖고 갈 수 없다는 사실을 모르는 사람이 어디 있나. 그런데 그렇게 안 되는 것이 또한 인간이나.

무덤으로 들어 갈 날이 얼마 남지 않은 재벌 총수가 의학의 힘을 받아야 겨우 목숨을 부지하는 상황에서도 "나눔"을 말하기는 커녕, 앞으로 기업이 먹고 살 신수종 사업을 챙기라고 야단 했단다. 이것이 인간이다. 그만큼 인간의 탐욕은 죽는 순간까지도 내려놓지를 못하는 것이다. 이것은 인간이 태생적으로 갖고 태어난 유전자의 영향 때문이다.

그럼에도 진화 심리학자들은 이렇게 말하고 있다. 인간의 육신만 진화 해온 것이 아니라 도덕, 윤리도 함께 진화 해 온 것이라고.

그런 면에 있어서 우리나라의 재벌 총수들은 인간적으로 진화가 덜 된 사람들이라고 할 수 있겠다.

인간은 태생적으로 균형이 깨지면 불안해하는 존재들이다. 한때 강남좌파라는 말이 유행처럼 번지던 시기가 있었다. 보수 쪽 언론들은 그들이 자신이 속한 계급의 이익에 반하는 말을 하는 것은 모순이라고 맹비난을 해댔다. 그러나 그들은 사회적 약자의 분노가 비등점을 넘어서면 사회는 물리적 힘에 의해 변 할 수밖에 없고, 이는 곧 사회의 안정이 깨지는, 그래서 자신의 기득권을 해칠 것을 사전에 방지하는, 어쩌면 그들의 이익에 매우 부합되는 행위를 한 것이다.

도덕과 윤리가 무너진 야만의 상태에서 인간은 안정적인 삶이 보장되지 않는 다. 이는 승자나 패자 모두에게 이로운 일이 아니다. 그래서 사회적 약자를 돕는 일은 그들만을 위한 것이 아니라 우리 모두를 위한 것이 된다.

17세기 캘리포니아가 아직 멕시코 영토에 속해 있을 당시 현재의 교황도 속해있던 예수회 소속 선교사들은 포교를 위해 그곳의 토착 인디언들과 공동체를 이루며 살았다. 예수회 선교사들의 기록에 의하면, 그들의 눈에 비친 인디언들의 생활은 집에서 키우는 개와 별로 다르지 않았다는 것이다.

인디언들은 먹을 것이 생기면, 그 자리에서 음식을 배가 불러 더 이상 들어 갈 곳이 없을 때까지 다 먹어치우고, 배가 부르면 친족 간에도 난교를 일삼았다고 한다. 문명의 혜택을 받은 이들의 눈에는 그들이 야만인으로 밖에는 보이지 않았다.

사람들은 흔히 말하기를 현대에 들어와서 인간은 더 탐욕적이고, 남들의 것을 빼앗는 일에 점점 양심의 가책을 느끼지 않는 다고 말을 한다. 그러나 드러난 역사적인 사실은 현재가 과거에 비해서 부의 분배에서 더 균형적이고, 약자에 대한 사회적 보호 시스템이 더 나아졌다는 사실이다. 물론 이성적으로 가장 진화된 인간들이 공동체를 이루고 사는 북유럽과 비교한다면 우리나라는 아직 멀었지만.

인류 역사상 가장 많은 사람이 전쟁으로 죽었다고 하는 2차 세계대전이 발생한 20세기 보다 역사적으로 거슬러 올라가 중세 보다는 고대의 시기에, 그리고 더올라가서는 싸움의 방식이 돌, 석기에 의존하던 구석기 시대에, 전쟁으로 인한 사망자가 인구 대비 더 많았다는 것이다. 밥을 먹고 하는 일이 실증자료를 찾는 학계에서 나온 말이니 믿어도 된다.

분명히 인류는 도덕적으로 윤리적으로 진화해온 것이 틀림없다. 단 국가적으로 치이기 있고 폭력 대신에 가신 사에에 유리하게 성제시스템이 작동됨으로써 부의 양극화가 현저히 진행되고 있다는 점이다. 그런 측면에서 폭력의 형태가 바뀌었을 뿐 사회적 약자에 대한 폭력은 여전하다고 볼 수 있다.

우리 사회는 양적인 경제성장을 계속 해왔다. 대한민국 정부가 수립된 후 우리 경제는 약 360배나 성장 했다고 한다. 그렇다고 360배가 행복 해진 것은 아니다. 상대적 빈곤으로 불행하다고 말하는 사람이 계속 늘고 있다.

결론적으로 지금의 성장 방식은 승자나 패자 모두에게 행복하지 않다. 역사적으로 국가공동체의 연대가 사라지는 국가는 무너지게 되어있다. 북유럽 국가들이 소위 좌파 정부가 들어서서 사회적 약자를 보호하는 복지 시스템이 선진화 된 것이 아니다.

그들의 정치지도자들은 이념을 떠나 사회적 약자를 보호하는 일이 연대의 가치를 넘어 국가 통합의 가치로 인식하고 있다. 그래서 독일처럼 우파 기독민주당이 집권했어도 무상 등록금제가 여전히 실시되고 노후 연금도 줄지 않았다. 나이 들어 힘도 떨어지고 벌어둔 돈은 다 까먹은 사람이 우리가 될 수 도 있다. 국가 공동체가 사회적 약자에게 마중물의 역할을 하는 일은 그래서 개인의 노후 생활을 하는 데 있어서 재테크 보다 더 중요한 일일 수가 있는 것이다.

우리 세대는 속도와 경쟁의 가치가 지배하는 세상에서 사회생활을 해왔다. 이러한 세상에 적응하는 일이 가족을 위하는 일이라고 생각하면서 영혼은 집에다 두고, 온갖 불법 행위에 보고도 못 본 척 했다. 그렇게 한 결과 우리 아이들은 취업난에, 육아 문제에 시달리고 있다. 그래서 돈 이상으로 사회의 정의를 세우는 일이 행복한 삶을 사는데 있어 중요한 것이다.

우리가 좀 더 행복하게 살기 위해서는 탐욕을 내려놓고 남을 배려하는 것이 결국 우리 모두를 행복하게 하는 길이라고 말하고 싶다. 나는 내가 사는 세상이 지금보다 행복하고 따뜻한 세상이었으면 한다. 나만 그런가.

07 남들의 눈으로 나의 행복을 재단하지 않는다

우리는 끊임없이 남들과 비교하면서 내 행복을 비교하고 있다. 각자가 갖는 행복의 기준은 다 다른 것임에도. 이는 우리의 자산관리에도 부정적인 영향을 미치고 있다.

넓은 평수의 중대형 아파트가 이미 경제적 효용성을 상실하고, 고정비 덩어리로 전락 했음에도 우리는 이곳을 떠나지 못하고 있다. 아이들은 학교다, 취업이다 해서 다들 따로 나가 산지가 꽤 됐다. 이 넓은 공간에 부부만 달랑 살고 있다. 그럼에도 쉽게 결정을 내리지 못하고 있다. 우리아이 결혼 시킬 때 까지 만이라도 이 집을 끌어안고 살아야 한다는 생각이 강하다. 사돈 될 사람에게 위신을 세워야 하니 까.

그러나 분명한 것은 넓은 집을 포기하지 않는 대신, 우리는 이보다 더 많은 비용을 나중에 치러야 할지 모른다.

넓은 집을 포기하는 대신 그 돈으로 적은 평수의 집을 얻고, 나머지 돈으로 변두리 외곽의 주거용 저가 오피스텔에만 투자해도 국민연금, 임대소득을 합하면 노후 생활비의 절반 이상이 해결된다. 그런데도 우리는 남의 눈을 의식해 넓은 집만은 포기 못하고 있다. 내 주변 사람 대부분이 그렇다.

요즘 젊은이 들은 남자는 좋은 명품시계, 여자는 명품 백에 가장 큰 돈을 쓴다. 그들의 말로는 비싸도 명품 백 하나 사는 것이 일반 제품 10개 사는 것 보다 가치가 있다고 말을 한다. 또 명품백은 시간이 지나면 빈티지로서의 가치가 있어 훌륭한 재테크 수단이 되기도 한다고 한다. 그들의 상상력이 매우 놀랍다. 명품 백으로 재테크를 생각 하다니.

나와 잘 알고 지내는 봉제공장 사장은 요즘 나오는 원단이 워낙에 좋고 싸게 구입할 수가 있어 6개월 정도의 박음 질을 한 사람이 만든 제품도 명품과 비교해 손색이 없다고 한다.

나 개인적으로는 젊은이 들이 명품에 열광하는 것은 역설적으로 자존감이 없기 때문이라는 생각을 한다. 세상이 요구하는 스펙에는 턱없이 부족하고, 무엇 하나라도 남보다 잘 나고 싶은데 마땅히 방법은 없고, 그래서 선택하는 것이 자신의 한 달 치 월급을 다주고도 모자라는 명품 백을 걸치는 것이다.

물론 모든 젊은이 들이 그렇다는 것이 아니다. 상류층이 사면 따라 사고 유행에 뒤처지면 안 된다는 그 강박관념은 자신의 자존감이 낮기 때문에 벌어지는 현상이다.

나이가 들다보면 세상일에 한 발짝 물러나서 관찰자의 입장에서게 된다. 나이 들어서는 나만 노력한다고 해서 할 수 있는 일이 세상에는 그리 많지가 않다. 개인의 사회적 역량은 그가 속한 네트워크에서 발휘되는 것인데, 이미 세상은 우리가 아닌 그들이 주도하는 세상이 되어 버렸다. 이제 우리가 할 일은 똥고집을 버리고 후배세대, 우리의 자녀들에게 좋은 멘 토가 돼서 우리의 경험을 대물림 하는 역할이다. 그렇게 되기 위해서는 우리부터 세상의 욕망으로부터 이별하는 일에 익숙해져야만 한다.

나이 들어서 까지 나 아니면 안 된다는 사고방식, 내 말만이 전부 옳은 것처럼 생각하다가는 젊은 사람들로부터 팽당하기 십상이다.

젊었을 때 나의 친구들은 모임이 있을 때 마다 이구동성으로, 자신이 최근에 얼마나 대단한 일을 했는지에 대해 자랑 질하기에 바빴다. 그러나 요즘 들어서는 그런 얘기는 쏙 들어가고 친구의 건강, 안부부터 묻는다. 시간이 우리를 변하게 한 것이다. 청년의 열정도 한 순간이고, 그래 그렇게 늙어가는 것이 인생이다. 이제 우리, 그동안 우리가 시고 있넌 세상의 무서운 심을 내려놓고, 흘러가는 강물처럼 무상 무심하게 세상을 바라보자. 세상의 욕심, 욕망이 덧없이 느껴질 것이다.

08 고립되지 마라

나이 들고 은퇴하면 서럽다.

현직에 있는 후배를 만나기라도 하면 자꾸 몸이 움츠러든다. 현직에 있을 때, 후배를 당당하게 대하던 내 모습은 사라지고 없다. 고작 2,3만원하는 밥값을 낼 때도 지갑을 한 번 더 보게 된다. 사람의 의식과 행동은 그의 물적 토대가 결정한다는 말이 새삼 떠오른다. 그렇다. 소득이 줄면 위축 될 수밖에 없는 것이 사람이다. 이를 부정 할 생각은 없다. 이 또한 나이 들어감에 대한 증표이니까.

친구 모임에 나가도 예전의 그 열정적인 모습은 사라지고 없다. 나는 젊다고 생각해도 모든 얘깃거리가 과거 회귀적이다. 술이라도 한 잔 들어가면 푸념들도 늘었다.

그 모습이 싫어 모임에 잘 나가지도 않게 된다. 일만 보고 살다가 일이 없어지니 만사가 귀찮다. 무엇을 어디서부터 시작 할 지도 모르겠다. 이는 나만 겪는 것이 아니다. 은퇴하면 다들 겪는 일반적인 현상이다.

그러나 우리는 지금 자신을 합리화시키고자 하는 핑계거리를 찾고 있는 것은 아닌 가하고 반문 해본다. 예전처럼 돈도 없고 권위도 없다. 그렇다고 머리 숙여가면서 새로운 일을 하는 것도 솔직히 말해서 내키지가 않는다. 우리는 과거의 향수를 그대로 안고 침묵하는 길을 택하는 것은 아닐까.

나는 이런 생각을 가끔 해본다. 지금에서 돌이켜 생각해보면 사회생활을 처음하던 시기, 나는 아무 것도 모르는 바보였다는 생각이 든다. 아주 단순한 일도 시키면 허둥되기 일수였고, 쉬운 업무가 주어졌음에도 문제를 어떻게 풀어 가야하는지 솔루션을 찾아내지 못했다.

하지만 지금 나에게 그 때와 같은 일이 주어진다면, 나는 매우 잘해 낼 수 있으며, 그 이상의 성과를 낼 수가 있다. 경험자본이 힘을 발휘 하는 것이나. 내가 그 당시와 비교해 달라진 것은 나이가 더 먹었다는 것과 열정이 사라진 것뿐이다.

사회생활을 하면 서 우리는 수많은 미션을 무리 없이 잘 해왔다.

비록 우리가 나이가 들었다 해도, 이때 체득한 경험자본이 없어지는 것이 아니다. 다만 일에 대한 용기가 없어졌기 때문에 매사 무력감을 느끼는 것이다. 또 한 가지 실패에 대한 두려움도 매우 커졌다. 그렇다고 해서 이것 때문에 우리가 골방에서 나오지 못한다면 이는 핑계에 불과하다.

부자 학에서는 이런 말이 있다. 고립되고 소통하지 않으면 가난에서 벗어 날 수가 없다고. 이 말이 맞다면 지금 고립되어 있고, 소통하지 않는 우리는 지금보다 더 가난해질 확률이 높다.

일단 밖으로 나가서 과거의 얘기가 주를 이루더라도 친구들을 만나서 소통하고, 바쁘다는 핑계로 배우지 못했던 일들을 시작해보자. 컴퓨터 배우기도 좋고, 영어공부도 좋다. 생산적인 일이라면 가리지 말고 다시 도전 하자.

일평생 책상에 앉아서 일 해온 사람은 모습만 봐도 바로 티가 난다. 그의 체형이 이를 말해준다. 팔에 근육은 없고 배는 볼록하고, 무거운 짐은 잘 들지도 못한다. 그 상태로 계속 살다보면 나이가 들수록 치명적인 질병에 걸릴 확률이 높다.

이런 경우 몸을 쓰는 일을 찾아보는 것도 괜찮다. 늦은 나이지만 육체적 노동은 정신건강에도 좋고 육체를 단련시킨다. 물론 프로페셔널하게 하자는 얘기는 아니다. 다만 스스로 일의 경계를 두지 말라는 얘기다. 그렇게 마음먹는 다면 새로운 일에 얼마든지 도전할 용기가 생긴다.

경제적 인간은 타인과 소통이 늘어나고 그 안에서 자신의 역할을 찾아 갈 수가 있다.

권위, 사회적 무게, 이 따위 것들은 허세에 지나지 않는다. 우리도 무게를 내려놓고 인생의 다이어트를 해보자. 훨씬 가벼워진 생각의 느낌이 찾아올 것이다. 몸도 중요하지만 생각이 리프레쉬 (refresh) 되어야 새로운 일에도 흥미를 가질 것 아니겠는가.

나는 최근에 일과 무관하게 취미 생활이 하나 생겼다. 서울의 핫플레이스에 가려진 서울의 뒷골목 맛 집들을 찾아 다니는 것이 그

것이다. 나는 요즘에 그 흔한 블러그는 물론이고 페이스북, 트윗 등 일체의 SNS를 하지 않는다. 그러니 그 누구에게 보여주기 위해서도 아니고, 내 만족을 위해 하는 일이다. 나이가 들면서 옛날 생각이 많이 난다. 그냥 옛날 내가 태어난 동네도 가보고, 그러던 중 생각해낸 것이 그것이다.

최근에 내가 가본 중구 묵정동의 간판 없는 5천 원 하는 백반 집은 지금도 야박하지 않게 밥상에 생선 한 토막을 올려준다. 얼마나 맛이 있던지…… 그리고 사당동 남성시장에서 경문고등학교 올라가는 길에 있는 행복한 국수집은 할머니 혼자서 하시는데, 그 집에서 내놓는 3천 원짜리 비빔국수는 지금까지 내가 먹어 본 국수 중에서 가장 맛이 있었다.

나는 계속해서 내 식대로 맛 집 탐험을 계속 할 생각이다. 일상에서 만나는 이런 소소한 즐거움이 나를 지치지 않게, 일을 할 수 있는 힘이 되기 때문이다.

여러분은 어떤 취미를 가지고 있는가. 또 얼마만 큼 이를 즐기고 있는가. 돈 때문에 못한다는 것은 핑계다. 돈 없이도 찾아보면 할 수 있는 취미 생활이 많이 있다. 나는 맛 집을 찾아 나설 때 마다 친한 친구, 후배들과 동행을 한다. 음식 값이 싼 집만 찾아다니다 보니 같이 먹는 사람도 부담을 안 갖는 것 같아서 좋다.

고립은 스스로 자초하는 측면이 많다. 시간이 생기면 그동안 바쁘다는 핑계로 가보지 못한 내가 사는 지역의 명소들을 찾아 가보는 일이라도 한 번 해보자. 나는 얼마 전에 중학교 다닐 때 미술 사생 대회 때 가보고 수십 년 만에 처음으로 덕수궁을 가봤다. 도심

속에 그런 풍광의 경치가 있는 곳이 있었는지, 그 앞을 수 백 번은 지나 다 녔 음에도 잊고 있었다. 여전히 세상은 삶의 무게를 잠시 내려놓으면 즐거움이 많다. 남의 눈으로 만 세상을 살지 않으면.

09 공동체의 정의를 세우는 일에 협력하라

정의란 단어가 이처럼 신드롬을 일으켜 사회 문화적으로 이슈가 된 적이 없었다. 이 시대의 사람들이 정의라는 단어에 이렇게 까지 깊은 관심을 보이는 것은 그만큼 우리가 사는 세상이 정의롭지 않다는 것의 빈증이다.

과연 정의란 무엇인가, 우리의 보편적 가치기준에 따라서 옳은 것, 바른 것, 정직한 것, 자신의 양심에 비추어 꺼리 김이 없는 것쯤으로 나는 이해하고 있다. 이런 시각으로 세상을 보고 평가한다면 현재 우리 사회의 정파적, 진영논리에 의해 편을 나누고 사람을 평가하고 재단하는, 그래서 서로가 불신하고 피곤하게 하는 일들은 많이 사라질 것이다.

이런 관점에서 보자면 우리의 노후준비는 사실 개인이 아니라 국가가 나서서 해결해야하는 문제다. 실제로 대부분의 OECD 국가에서는 개인의 노후를 국가가 책임진다.

선진 복지 국가는 우리나라처럼 정부가 소위 말하는 특수직 연금 수령자와 국민연금을 받는 일반 국민과 싸움을 부추기지도 않는다. 최근에 특수직 연금 수령자와 국민연금 수령자간의 소득 대체율이 현격하게 차이가 나면서, 일반 국민들의 특수직 연금 수령자들을 보는 시선이 곱지 않다. 급기야는 특수직 연금의 수령액을 낮추고 납입금액은 올려야한 다는 것이 사회 전반의 흐름이다.

그러나 정의라는 관점에서 이 사태를 보는 본질은 특수직 연금을 손을 볼 것이 아니라. 현재 강제 보험의 성격을 갖고 있으면서도, 사설 펀드처럼 운용되는 국민연금의 운용을 개선하고, 그 수급률을 높이는 것이 맞는 것이다.

사회복지의 차원에서 공적연금을 운용하는 국가에서는 특수직 종사자와 일반 국민을 차별하지 않고, 65세가 되면 현역 때의 소득의 80%나 되는 공적연금을 지급하고 있다.

이렇게 가는 것이 맞는 방향이지, 지금 특수직 연금 수령자들의 수급액을 낮추라고 하는 것은 정의가 아니다. 그렇다면 여기에 필요한 재원은 어떻게 조달할 것인가. 정책의 우선 순위를 조정하고 정파적 이해관계에 의해 전용되는 예산을 줄이는 동시에, 현재 한국경제의 주체들 중에서 고환율과 실질적인 법인세 인하 정책으로 가장 많은 이익을 보고 있는 대기업을 대상으로 법인세를 OECD 국가의 평균수준으로만 올려도 많은 부분이 해결될 수가 있다.

돈을 많이 버는 곳에 세금을 많이 물리는 것은 재정학의 기본이다. 그럼에도 정부는 돈을 많이 버는 주체들에 대한 직접세를 올릴 생각은 안하고 있다.

서민들에게는 실질적으로 증세에 해당하는 자동차세, 담배세 등의 간접세를 올리고 연말 정산 시 비과세 혜택을 줄이는 것으로 이를 해결하려고 한다. 그리고도 부족한 재정은 국채발행을 통해 보완한다. 이렇게 하면 서민의 고통은 가중되고, 재정이 고갈되는 것은 시간문제다.

이 부분에서 정의가 바로 세워진다면 우리의 노후 준비는 한층 쉬워질 것이다.

우리는 국가가 우리에게 부과하는 의무를 충실이 따랐다.

그렇다면 국가도 의당 우리의 노후를 책임져야만 한다. 민주공화국 체제 안에서의 정부라는 것은 국민의 권력을 위임받아 국민에게 행정을 서비스하는 곳이지, 군림하기 위해 존재하는 것이 아니다.

지금 우리가 노후 준비에 이렇게까지 신경이 곤두서 있는 것이 무엇 때문인가. 자연수명은 길어져만 가는 데, 돈 나올 구멍은 뻔하고 돈 쓸 일은 태산처럼 밀려 있기 때문이다. 그렇다고 청년실업에 허덕이는 우리 아이들에게 노후를 맡길 수도 없는 노릇이고, 현실적으로 가능한 일도 아니다. 그래서 우리의 고민은 시간이 갈수록 깊어만 간다.

우리가 노후준비를 게을리 했기 때문에 발생하는 문제가 아니다. 나이가 들면 현직에 있을 때 보다 소득이 주는 것은 일반적인 일이다. 소득은 주는 데 어디서 돈이 떨어지는 것도 아니고, 그렇다고 해서 국가가 나서서 우리의 노후를 보장해주지도 않는 다.

우리는 국가가 요구하는 것들을 철저하게 수행 해왔다. 소위 국민의 4대 의무라고 하는 것들을 내키지 않아도 군말 없이 따랐다. 그러면 국가는 우리가 늙고 힘없을 때 우리를 보호 해주어야 하는 책임이 있다.

현재 노인 복지가 가장 잘 되어 있는 북유럽의 국가들의 노인연금은 현직에 있을 때와 비교해 소득 대체율이 80% 수준이다. 이 나라에서 노인들은 생활에 충분한 연금을 가지고, 젊을 때 해보지 못하고 미뤄만 뒀던 세계를 여행하고 다닌 다. 실제 카리브 해를 도는 호화 크루즈 선들의 가장 많은 고객이 북유럽의 은퇴한 노인들이다.

복지 빈국 대한민국에서 이 정도의 수준을 바란다는 것은 말도 되지 않는 얘기지만, 그래도 우리나라의 경제규모 수준이라면 그들처럼은 못하더라도 현직에 있을 때의 소득의 절반 이상을 연금으로 지급 하는 일이 불가능한 일은 아니다.

물론 특수직 연금을 받는 교사, 공무원, 군인들은 연금의 소득 대체 율이 거의 만성적자 임에도 여전히 70%에 이른다. 그들은 세계 어느 나라와 비교해도 손색이 없는 연금제도의 혜택을 받고 있다. 그러나 대다수의 국민들은 여전히 복지의 사각지대에서 자신의 노후를 스스로 알아서 해야만 한다.

대한민국에서는 무덤으로 가는 길이 여전히 험한 것이 현실이다.

노후준비를 국가가 알아서 해준다면 개인이 노후를 준비하는 데 있어서 그렇게 많은 돈이 필요 하지 않다. 그래서 노후준비의 최고

효자는 노인 복지정책이라고 하는 것이다.

재테크를 잘해서 돈을 많이 벌었다고 자랑하는 사람들도 있지만, 이것은 그 사람의 개인적 성공담일 뿐이다. 과연 소득이 적은 일반인이 재테크로 돈을 벌 확률이 얼마나 되겠는가.

지금 내가 쓰고 있는 책은 분명히 재테크 책이다. 그럼에도 사회적인 부분을 언급하는 것은, 결국 개인의 재테크는 경제적으로 개인의 노력 더하기 국가의 복지정책이 합해져야 가능하기 때문이다. 우리 정도의 경제규모를 가진 나라에서 무책임하게 개인의 노후준비를 개인에게만 떠맡기는 나라는 없다.

따라서 우리가 올바른 정치적 선택을 하고, 영향력을 행사하는 일은 매우 가치가 있는 일이다. 이는 이념이나 진영논리와는 무관한 것이다.

3장
당신의 자산관리를
다시 써야하는
마지막 기회

01 지금까지 당신의 자산관리는 다 틀렸다

　우리가 사는 동안 금리가 크게 오를 가능성은 거의 없다.

　지금 한국경제는 예전처럼 성장을 계속하는 경제가 아니다. 성장속도는 둔화되고 경제의 양극화 문제로, 사회 구성원 간의 갈등과 대립이 고조되고 있는 시점이다. 이런 흐름이 무엇을 의미하는가하면 앞으로는 정부가 경기활황으로 인해 발생하는 인플레이션을 막기 위해 고금리 정책을 쓸 일이 사라졌다는 것을 말한다. 오히려 정부는 경기부양책을 위해 그리고 부족한 복지재원을 마련하기 위해 저금리 정책을 고수 할 것으로 예상 해 볼 수가 있다. 실제로 현재 은행의 정기예금의 세금공제 후 이자는 투자원금의 1%대에 머물고 있다.

　예전에는 금리 사이클이라는 것이 있어 시장금리가 오르고 내리기를 반복 하였지만 지금은 이것이 가능한 시대가 아니다. 그리고 무엇보다 금리 사이클을 이용하여 채권 투자를 하면 채권의 발행금리 이상의 매매차익도 가능했지만 이제는 이것도 쉽지 않은 일이 되었다.

우리가 소위 말하는 가처분 소득을 늘리기 위해서는 월급이 크게 오르거나 아니면 집값이 뛰거나 또 아니면 은행이자라도 올라야 하는 데, 오르는 것은 고사하고 오히려 내리고 있다.

개인의 가처분 소득이란 개인의 생활비를 제외하고 개인이 저축하고 소비할 수 있는 돈을 말하는 것인데, 개인의 가처분 소득이 줄어드니 개인의 소비는 위축되고 따라서 내수경기가 침체되는 것이다.

퇴직자들이 창업시장에서 고전하는 것도 다 이러한 이유가 있는 것이다. 그리고 무엇보다 우리가 인생의 마지막 생명 줄로 여기는 국민연금도 현재 지급되는 수급액이 현역시절 소득의 약 16%에 불과하고 국민연금을 100%로 받는 다해도 그 수급액은 40%에 불과한 실정이다. 우리가 이를 보완 하겠다고 가입한 민간연금은 거의 대부분이 마이너스 수익률 이거나 물가도 따라잡지 못하는 운용 수익률을 내고 있다. 그렇다면 우리가 민간연금에 가입하는 돈이 많아질수록 우리는 더 가난해지게 되는 것이다. 그래서 우리의 고민이 깊어지는 지도 모른다.

우리나라는 어느 정파가 집권하든 성장 정책을 고집 해왔다. 경기를 활성화시키기 위해서는 시장에 돈을 풀고, 이 돈이 산업부분으로 유입 되어야 한다. 이때 정부는 기업에 대한 유인책으로 금리를 낮춰주고 원화에 대한 환율을 인상하는 정책을 주로 쓴다. 실제로 어느 정권이 들어서든간에 고환율 정책을 고수하고 있다.

내수경기의 부진에도 불구하고 국내 대기업이 사상초유의 순이익을 기록한 것은, 다는 아니겠지만 정부의 저금리, 고환율, 법인세 실질적 인하 정책에 상당 부분 도움을 받았기 때문에 가능 했다.

삼성전자의 경우 이러한 정책의 결과로 실제 글로벌 시장에서 경쟁사들이 만든 동일 제품과 비교해 가격 경쟁력이 30%이상 생겼다고 하지 않던 가.

당장 경기 진 작에 발등에 불이 떨어진 현 정부도 이러한 유혹에서 벗어 날 수가 없다. 저금리, 고환율 정책이 국민의 가처분 소득을 감소시키는 피해를 낳는다고해도 말이다. 과거 와 똑 같은 정책을 밀어 붙이고 있다.

현재 한국은행의 기준금리가 물가상승률에도 못 미칠 정도로 낮은 금리를 계속 유지하고 있다. 이 정도면 물가 상승률을 감안한 실질 금리는 거의 제로에 가깝다는 것을 의미한다. 그래서 은행의 금리를 두고 세로 금리라고 하는 것이다.

은행권의 상품이라는 것이 대부분 한국은행의 기준금리에 절대적으로 영향을 받는 다. 따라서 은행권의 금융상품 금리가 실효금리로 따져 1%에도 못 미치는 것은 당연한 일이다.

그런데 문제는 이처럼 낮은 금리를 대하는 우리의 자세에 있다. 금리가 낮다는 것은 이제 상수가 되어 버 린지 오래 다. 이를 누가 부인 할 것인가. 앞으로도 마찬가지다.

그렇다면 방법은 하나다. 낮아진 금리에 대응하는 포트폴리오를 새롭게 짜는 것이다. 은행에 예금해서는 실효금리로 거의 제로나 다름없는 이자를 받는 상황에서 우리는 지금 무엇을 하고 있나.

그럼에도 불구하고 우리는 은행거래를 포기하지 못하고 있다. 세상을 사는 데 익숙한 것과의 결별을 하는 일은 결코 쉬운 일이 아니다. 그리고 은행의 상품은 금리가 낮아도, 원금은 까먹지 않는 다는 잘못된 인식이 너무 박혀있는 것도 문제다.

그런데 말이다. 은행에 예금해서 실효금리로 따져 거의 제로금리 수준의 이자를 받는 것이라면 이는 기회비용을 날리는 것으로 원금의 안정성에 심각한 위협을 받는 일이다.

현재 은행, 보험사들이 운용하는 연금 상품 중에서, 운용 수수료를 공제한 후 플러스 수익률(실효금리를 기준해서) 내는 상품이 있는가. 특히 보험사는 연금 상품, 저축성 보험 모두 실효금리로 마이너스 상태 다. 그리고 기간이 더 지날수록 이 차이는 더 커진다. 그래서 은행, 보험사의 연금 상품, 저축성 보험에 투자하면 당신의 노후는 더 가난 해질 수 있다고 경고 하는 것이다.

그럼에도 여러분은 지금 어떻게 하고들 있나. 국민은행이 전 국민을 대상으로 하는 설문 조사결과를 보면 여전히 은행, 보험사의 연금, 저축성 상품을 노후준비를 하고 있다는 사람이 전체(복수응답 포함)의 70%에 이르고 있다. 이렇게 하고도 낮은 금리만 탓하고 있을 것인가.

이는 관행적으로 굳어진 습관의 영향도 있을 것이다. 아니면 이를 대체 할 상품을 모르거나 알아도 그것에 투자함으로써 발생하는 리스크를 통제할 수 없다는 두려움에서, 그런 선택을 했을 수도 있다.

실제로 이자를 한 푼이라도 더 받아 보겠다고, 저축은 행의 후순위 채권, 종금사의 C P(자유금리 기업어음)에 투자했다가 낭패를 본 사람들의 모습이 언론에 집중 보도되면서 낯선 상품에 대한 두려움이 컸을 것 이라는 짐작은 해본다. 하지만 이는 해당 상품에 대한 정확한 이해가 없는 상태에서 리스크를 분석하지 않고, 무작정 투자한 사람들에게서 발생하는 일이다.

투자 상품에 대한 리스크만 잘 관리하면 후순위채권, CP를 포함해 기업이 발행하는 회사채. 주식 연계채권, 유동화증권 모두 이 지독한 저금리 시대에서 저금리를 극복하는 금융상품이다.

우리가 두려운 것은 모르기 때문이다. 자주 다니는 길도 처음 가보는 사람에게는 다 두려운 법이다. 위에서 말한 금융상품의 가장 큰 특징은 상품을 만기까지 보유한다는 가정아래, 가입시점의 금리가 만기 까지 확정 된다는 것이다. 수익률이 운용결과에 따라 수시로 변하는 펀드와는 상품설계가 근본적으로 다르다.

다만 이들 상품 을 발행하는 주체가 대부분 기업으로 발행기업이 파산하면 보통의 파산절차에 의해 구상 권을 행사해야만 돈을 돌려 받을 수 있다는 점에서, 예금자 보호 대상인 은행 상품과 다르다.

그러나 예금보호가 되지 않더라도 이들 상품은 신용평가 기관의 평가에서 일정 수준 이상의 재무 안정성이 인정된 기업이 발행하기 때문에 너무 높은 금리로 발행된 기업이 주체로 발행하는 모든 상품의 금리는 발행기업의 신용 등급 평가에 의해서 금리를 결정하기 때문에 상대적으로 금리가 높은 기업은, 이와 비례해서 기업의 재무안정성은 낮아진다. 쉽게 예를 들어 삼성전자가 발행하는 회사채

와 보통의 신용등급을 가진 코스닥 상장 중견 기업이 발행하는 회사채의 금리가 같을 수가 없다.)

금리가 낮아지면서 사람들은 이제 저축의 시대에서 투자의 시대로 전환 됐다고 말한다. 이 말이 갖는 의미는 크게 두 가지로 나누어 생각 할 수 있다. 하나는 이제부터는 은행예금으로 답이 안 나오니 까 빨리 다른 말로 갈아타라는 것과 둘째는 다른 말로 갈아타면 서 발생하는 위험을 감내해야 한다는 것이다.

둘 사이의 간극은 매우 크다. 이는 은행의 정기예금과 대표적인 투자 상품 주식투자의 간극 간에 발생하는 리스크의 차이를 생각해 보면 된다. 은행권에 예금만 해오던 사람에게는 두려움이 클 수밖에 없다.

이 간극 사이에 중간자 역할을 하는 상품이 바로 채권, 기업이 발행하고, 증권사가 유통시키는 다양한 유동화 상품, 주식연계 채권 등이다. 그런데 앞서 말 한 대로 투자 상품에는 절대성이 없다는 말을 새겨들었다면 현재 안정성 수익성 측면에서 이 상품들을 능가하는 상품은 독신가구를 대상으로 하는 스튜디오 주택이라고 말 할 수가 있다.

투자 상품에 경계를 두는 것은 어리석은 일이다. 투자 상품은 그것이 무엇이 됐든 간에 안정성, 수익성을 비교해서 말해야 한다. 이런 관점에서 지금의 경제 환경에서 어느 상품이 비교 우위에 있는지 잘 판단하기를 바란다.

02 소득이 줄면 씀씀이도 줄여야하는 법

   현재 한국경제의 모순은 국가경제가 성장해도 이 성장의 과실이
일반국민에게 까지 배분 되지 않는 다는 데에 있다. 사람들은 이를
신자유주의 경제가 몰고 온 양극화, 대기업 중심의 독점경제가 가
저온 폐해라고 말을 한다. 이를 부정할 사람은 없을 것이다. 더 맞
는 얘기다.

   아무튼 한국경제는 그 성장속도에 있어서 과거보다 매우 느리
다. 여기에 일자리는 줄고, 개인의 소득은 낮아지고 있다. 이른 바
감속경제가 시작되고 있는 것이다.

   돈을 더 벌기는 어렵고, 그렇다고 경제규모를 줄이는 일은 힘이
들고, 우리의 고민이 깊어 지는 시점이다.

   이를 어찌 해결 할 까.

   못 벌면 그 만큼 씀씀이를 줄여야지 별 수 있는 가. 지금도 나는

충분히 아껴 쓰고 있는 데, 이 이상 더 어떻게 아껴 써 라고 반문하는 사람도 있다. 맞는 말이다.

로또를 사서 1등에 당첨이라도 되든지, 주식에 투자해 내가 산 주식이 갑자기 폭등하든지…. 이런 일이 가능하다면 우리가 왜 이 고민을 하고 있겠는 가. 그럴 가능성이 거의 없다는 것을 우리는 이미 살아온 경험으로 잘 알고 있다.

소비자 연구기관의 자료를 보면 현재 가계지출에서 가장 많은 비중을 차지하는 것이 먹고 사는 생필품 지출이다. 그 다음으로 많이 나가는 돈이 교육비, 통신비다. 교육비는 마음먹기에 따라서 사교육비는 줄일 수 있어도, 아이들의 공교육에 들어가는 교육비는 줄일 수가 없다. 하지만 사교육에 들어가는 비용은 교육철학에 따라서 얼마든지 줄일 수가 있고, 요즘 같은 시대에는 소위 인터넷 강의를 뜻하는 인 강도 수준이 높아져 사교육에 들어가는 비용을 저비용으로 대체 할 수가 있다.

요즘은 애들도 다 스마트 폰을 끼고 산다. 통신요금 때문에 아이들 휴대폰을 빼앗는 일은 그 이상으로 아이에게 상처를 줄 수 있기 때문에 쉽게 결정 할 문제는 아니다. 그러나 통신비를 아끼려고 마음먹으면 아껴 쓰는 방법은 얼마든지 있다.

합리적 지출을 한다는 가정아래, 우리는 마음먹기에 따라서 얼마든지 지출을 줄일 수 있는 여지 가 있다. 그러나 이에 대처하는 우리의 생각은 항상 그렇다. 그깟 돈 줄여서 뭐할려고, 너무 상투적인 표현이지만 시작은 미약하지만 그 끝은 창대하리란 말로 대신할 수밖에.

대가족의 비좁은 집에서 살아온 베이비붐 세대에게 넓은 집에 사는 것은 평생의 로망 이었다. 그래서 그들에게 넓은 집에서 사는 것은 경제적 효율성을 넘어 그 이상의 가치가 있었다. 그래서 이를 두고 뭐라고 할 수는 없다.

그리고 넓은 집에 대한 강력한 소유욕은 경제적 이해하고 도 맞아 떨어졌다. 그러니 넓은 집을 소망하는 일은 경제적으로도 이해가 일치한다. 대한민국에서는 집은 사는 곳(Living)이기도 하지만 사는 것(Buying)이기도 하다. 적어도 부동산 버블이 급격하게 꺼지기 시작하던 2000년 대 말 까지는...

고금리시대에 서민들이 중산층이 되는 과정은 대개 은행권 예, 적금으로 종잣돈을 모으고, 이 돈에 빚을 얹어 아파트에만 투자하면, 아파트 분양 당첨 후, 입주 시기 시점 쯤 돼서 집값이 오르는 것이 거의 불문율이었다. 그런데 지금 이 고리가 끊어졌다. 이제 넓은 평형의 아파트는 재산 축적의 도구로서의 기능은 사라지고 고정비 넝어리로 전락했다.

빚을 내서 넓은 평형의 아파트를 장만 했다. 앞으로 집값이 오르지 않는 다는 것도 잘 알 고 있다. 그래도 집을 포기할 수는 없다. 어떻게 장만한 내 집인데 그리고 내가 어렸을 때부터 큰 집에 사는 것은 나의 로망 아니었던 가.

남들의 눈도 의식하지 않을 수 없다. 그래서 우리는 집 뿐 만이 아니라 그저 발을 대신하는 교통수단에 불과한 기름 먹는 하마를 그 비싼 돈을 써 가며 대형 차를 고집하고 있다.

지금 시대가 큰 차, 넓은 집에 산다고 해서 그를 존경하고 부러워

하는 시대가 아니다. 그리고 남들은 내가 어떤 집에 살고, 어떤 차를 타는지에 관심이 없다. 그냥 자기만족이다. 자기만족을 위해서 그 많은 돈을 허투루 날리는 일은 어떻게 생각해봐도 경제적인 행위는 아니다.

씀씀이를 줄이는 일은 단지 지출을 줄이는 것을 넘어서 자신의 의식을 먼저 바꿔야 가능하다.

물론 자본주의사회에서 소비는 미덕이다. 돈을 써야 돈도 돌고 경기가 활성화 된다. 경제적으로 소비의 긍정적 측면을 부정하는 것은 아니다. 그런데 우리의 지출이라는 것이 항상 소득을 넘어서는 것이 문제다. 가랑비에 옷 젖는지 모른다고, 우리가 일상생활에서 의미 없이 지출되는 소액결제가 결국 가계경제에 구멍이 뚫리는 재앙이 될 수 있다. 소득을 잘 관리하고 합리적인 지출로 흑자 가계재정을 운용하는 것, 이것이 쌓이면 자연스레 돈도 모인다.

세상의 부자들은 다 이렇게 시작했다. 그들도 처음부터 부자는 아니었다.

*그들이 말하지 않는 재테크의 비밀1
— 노후 생활자금 얼마나 필요한가

노후에 필요한 자금이 얼마나 되어야 할 까. 이는 도식화 할 수 없는 문제다. 개인마다 살아온 인생이 다르고, 생활규모도 다르기 때문이다. 그러나 확실한 것은 자녀들 다 출가 시키고 두 부부만 살 경우, 아이들을 키우는 가정과 비교해 생활비가 약 38%정도 덜 든다는 통계가 있다. 이 통계를 가지고 노후에 필요한 생활자금을 추정해보면 넉넉히 잡아서 도시근로자 평균소득(3인 가족 기준420만 3326원의 60%인 약 250만원) 수준이면 노후에 경제적으로 큰 어려움 없이 살아갈 수가 있다.

최근에 나온 삼성생명 은퇴연구소의 자료와도 대충 맞아 떨어진다. 금융회사의 연구소라는 것이 결국 자사상품의 프로모션을 위해 존재하는 것이지만, 그래도 참고삼아 들어둘 필요는 있다.

삼성생명 은퇴연구소가 비 은퇴자 1,782명, 은퇴자 518명을 대상으로 한 재무, 건강, 여가활동,관계영역 조사 결과에 따르면 비 은퇴자들이 은퇴 뒤 최소 생활비로 월 평균 211만원을, 경제적으로 부족함이 없는 생활을 유지하려면 월 평균 319만 원이 필요하다고 말하고 있다.

그러나 실제 은퇴자의 월 평균 소득은 238만 원으로 비 은퇴자들이 생각하고 있는 부족함 없는 경제생활에는 많이 못 미치고 있는 것이 현실이다.

또 은퇴자들은 은퇴 전에 미리 준비하지 않아 가장 후회가 되는 점으로 의료비, 간병 비 마련을 꼽고 있으며 건강검진, 규칙적인 운동이 그 뒤를 이었다.

그리고 은퇴자 들 중 은퇴 후에도 계속 일을 하고 싶다고 응답한 비율은 61% 였 다.

이 조사결과에서 눈여겨봐야할 또 하나의 주요내용은 상대적으로 시간이 많은 60-70대 부부들의 대화를 갖는 비율(하루 한 시간 이상)은 22%로 여유시간이 상대적으로 적은 30대 부부의 41%절반

수준 이었다는 사실이다.

이는 은퇴 후의 삶에서 부부간의 관계회복이 절실하게 필요하다는 것을 말해주고 있다.

노후준비는 어느 한 분야만 국한해서는 한계가 분명 한만큼 경제문제를 뛰어넘어서 건강, 일과 여가 활동, 타인과의 관계회복 등 여러 가지 사항을 염두에 두고 진행되어야 한다는 것을 이 조사 결과는 말을 해주고 있다.

나는 완벽한 노후준비를 위해서는 3가지가 맞아 떨어져야 한다고 생각한다. 이른바 삼 삼 삼의 법칙이다. 그 내용은 현금성 자산 5천만 원으로 노후 생활에 필요한 생활비의 40%를 마련하고(나머지는 국민연금, 부정기적이나마 근로소득을 발생시켜 해결하는 조건), 80세까지 지치지 않고 일 할 수 있는 건강, 마지막으로 가족 관계의 회복이다. 이렇게 보면 내 의견과 삼성생명 은퇴연구소가 발표한 자료간의 상이한 부분 보다는 비슷한 점이 더 많음을 알 수 있다. 세상의 일이라는 것은 보는 관점에 따라 다를 수는 있어도, 근본은 변하지 않는다는 것을 이 사례를 통해서도 알 수 있다.

03 똥인지 된장인지 꼭 먹어봐야 맛을 아나

투자 상품에 경계를 두고 있다면 이는 필시 금융회사의 덫에 당신이 갇혀 있다는 것을 의미하는 것이다.

당신이 은행의 연금 신탁에 가입 했다고 해서, 그들이 당신의 노후를 보장 해줄 리가 만무하다. 당신이 은행에 연금가입을 위해 내는 돈은 당신의 주 머니에서 나온 돈 이다. 자기 돈 내고 자기 돈으로 노후를 보장 받는 것이 금융회사가 판매하는 연금의 진실이다.

국민연금과 다르다. 국민연금은 자기가 내는 돈에 비례해서 자신이 소속된 기업이 같은 돈을 부담 한다. 타이틀은 같아도 그 내용 면에서 완전 다르다는 것을 알아야 한다.

이런 사실을 주지한 후에 이제부터 여러분이 생각해 볼 문제가 있다. 우리의 노후준비를 위해서 과연 어느 상품을 선택하고 또 어느 상품을 버릴 것인 가.

이때 선택의 기준은 이렇다. 상품의 타이틀을 떠나 나의 노후생활에 어느 상품이 실질적으로 도움을 주는 지. 그 상품의 타이틀이 무엇이든지간에 그건 중요한 문제가 아니다. 결론적으로 당신의 노후준비를 위해 하는 투자와 저축은 그 상품이 무엇이든 간에 안정성에 문제가 없다면, 한 푼이라도 이자를 더 받는 상품을 선택하는 것이 올바른 것이다.

따라서 그 대상이 되는 상품이 부동산이면 어떻고, 또 은행상품이면 어떠한가. 그래서 하는 말이 한 푼이라도 더 많은 이자를 원한다면 투자 상품에 경계를 두는 일은 매우 어리석은 일이라고 말하는 것이다.

그런 측면에서 상품의 타이틀이 중요한 것이 아니다. 지금 은행의 연금 상품은 타이틀만 연금 상품이지 금리도 낮지, 수익률이 마이너스라고 해도 운용수수료는 꼬박 꼬박 떼 가는 아주 못 된 상품이다.

이런 상품으로 노후생활을 보장 받겠다고 아서라 아서, 당신이 지금 노후를 보장 받겠다고 가입하는 은행, 보험사의 연금은 당신의 주 머니 돈으로 은행, 보험사 직원 먹여 살리겠다는 얘기로 밖에는 들리지 않는 다. 그리고 알면서도 그리 했다면 당신은 매우 훌륭한 박애주의자인 것만은 틀림없다.

경제흐름을 읽는 것이 돈이라는 말이 있다. 이 말이 무슨 말인고 하니 풀어서 해석해보자면 경제는, 생물처럼 변하는 것임으로 경제변화에 맞게 투자하다보면 돈을 번다는 것이다. 생각해봐라. 경제를 구성하는 하부 단위 중 하나에 불과한 금리의 변동에 따라서도 주요 투자 상품의 경제성은 지옥과 천당을 오고간다. 장년층이라면 사회에 처음 나와서 은행에 예금하던 때를 기억해봐라. 90년대 초반 내가 근무했던 저축은행의 정기예금 금리가 15%였다. 만약 5000만원을 5년 만기로 예금 했다고 가정 했을 때, 만기에 가서 세금 공제 전 복리 이자로 5000만원을 더 받는 다는 얘기가 된다. 5000만 원의 돈이 5년 이 지나면 원금의 두 배가 되는 데 다른 대안을 찾는 수고를 할 필요가 없다. 한국은행 기준금리 1.25% 시대에는 40년이 걸린다고 한다. 미치고 환장 할 노릇이다.

지금 우리가 노후준비 자금을 만드는 일에 이토록 고민하는 이유는 그 때와 비교해서, 아니 불과 5년전하고 만 비교해도 금리가 너무 떨어져, 은행에 예금을 해봤자 별 도움이 안 되기 때문이다.

앞으로 한국 경제기상도는 역시나 흐리다. 내수경기가 부진한 반면 세계시장에서 중국기업의 부상, 이로 인한 세계시장에서의 국내대기업의 입지 약화, 국내에서의 정치적 악재 등 주가가 오를 이유를 찾기 어렵다. 그럼에도 주가기 예년에 비레 싱대격으로 격은 거래량임에도 불구하고, 주가가 떨어지지 않고 상승세를 이어가고 있다. 유가증권 상장 시장과 비교한다면 기업의 재무 안전성이 크게 떨어지는 그래서 정크 주식의 집합소라고 불리기도 하는 코스닥 상장기업의 주가는 더 크게 요동치고 있다.

이유가 뭘까. 낮아진 금리로 인한 시중의 돈이 주식시장으로 유입된 효과 가 컸을 것이다. 이른바 낮은 금리로 투자 할 곳을 못 찾은 돈이 주식시장에 유입되어 주가를 부양하는 이른 바 금융장세의 덕이다.

부동산도 들썩이고 있다. 전세대란 이외에는 특별한 호재없는 상태에서, 전세 값이 치 솟으니 홧김에 내 집을 사겠다고 나선 사람이 늘어서일까. 아마도 이것도 낮아진 금리의 영향이 컸을 것이다. 사실 요즘 내수 경기가 불황이라는데, 수익성 부동산의 신규분양도 늘고, 사람들의 관심이 커지는 것을 보면, 역시 투자시장은 실물경제의 펀더멘털에 의해서만 움직이는 것이 아니라는 것을 새삼 다시 확인 시켜준다.

이렇듯 투자 상품이라는 것은 경제의 흐름에 따라 그 가치가 달라지는 것이다.

경제적 변화만이 투자 상품의 가치에 영향을 미치는 것이 아니다. 정치적 리스크, 인구변동, 소비자의 니즈변화 등 사회의 총체적 변화도 투자 상품의 가치에 크게 영향을 미친다. 최근 들어 독신자 인구가 급증하면서 이들을 대상으로 하는 상품과 임대주택이 가치가 높아지는 것을 주목 해 볼 필요가 있다.

다시 강조 하지만 투자 상품은 안정성에 문제가 없다면 그 것이 은행상품이다. 주식, 채권 이다, 부동산이다 가 중요한 것이 아니다. 내가 투자하려고 하는 상품이 그 시점의 경제흐름을 반영하여 다른 투자 상품과 안정성 수익성 환금성을 비교하여 그 중 나은 놈을 선택하면 그만인 것이다.

이런 관점에서 보자면 지금 상황에서는 은행예금 보다는 채권, C P(자유금리 기업어음) 이 낫고, 부동산 시장에서는 은행예금 정도의 투자안정성과 환금성을 갖고 있으면서, 그 수익률은 은행예금의 몇 배 이상이 되는 독신가구를 대상으로 하는 스튜디오주택, 그

중에서도 소액으로 비교적 쉽게 투자를 할 수 있는 저가 소형 오피스텔이다. 물론 이 시장도 공급 물량의 증가, 독신가구의 소득 감소 등으로 예전만은 못하다.

따라서 시장의 변동 상황을 극복하기 위한 개인의 노력이 더 요구되고 있다. 그럼에도 불구하고 이 시장의 미래는 밝은 편이다. 우리나라가 서구 국가들처럼 독신자 비율이 40%까지 높아지는 것은 시간문제이기 때문이다. 현재도 독신가구의 비율은 다양한 이유로 급증하고 있는 것이 현실이다.

04 대국민 사기극 민간연금의 진실

대다수의 사람들은 민간연금에만 가입하면 노후준비가 저절로 된다고 믿고 있다. 그러나 실상은 그렇지가 않다.

정부는 민간연금의 실체가 알려지고, 그 우려감이 커짐에 따라 부랴부랴 그 보완책을 내놓고 있다. 그런데 그 보완책이라는 것이 연금 상품의 운용자산 포트폴리오에서 기존의 설계내용을 변경해 연금액의 40%를 소위 투자 상품으로 운용할 수 있게 해 수익률을 높이겠다는 것이다. 이렇게 되면 수익률이 오를 가능성은 있겠지만 안정성은 크게 떨어진다. 연금이라는 것은 결국 노후생활에 생명줄 같은 돈인데, 투자원금이 보장 되지 않는 상품의 투자비율을 높이겠다는 생각은 매우 위험한 발상이다.

여러분은 소위 기관이라고 하는 집단의 자산운용 실적의 결과를 모르지 않을 것이다. 국내 자산운용사의 운용수익률은 시장 평균에도 못 미친다. 이런 판국에 그들에게 연금운용 자산의 40% 이상을 맡기겠다는 발상은 어떤 환경에서도 원금의 안정성이 지켜져야 하는 연금 상품의 특성을 무시하는 처사다. 그리고 투자 상품의 비중을 높이겠다는 발상은 결국 운용 수수료의 상승을 가져오는 등 절대적으로 금융회사에만 유리한 일이다.

그리고 정부는 자산운용 결과에 대해 철저히 감시하고 투명하게 운용되도록 하겠다고 한다고 하지만 비전문가들인 공무원들이 무슨 능력으로 투명하게 감시 하겠다는 것인지. 이는 필시 감시 인력을 늘리고, 그들의 권한을 확대하고자하는 의도가 아니고 그 무엇이겠는 가.

차라리 국민의 노후가 걱정된다면 국민연금을 특수직 연금과 통합하는 일이 국민을 위하는 일이다.

노후준비에 대한 사회적 관심사가 커지 다보니 별 해괴망칙한 상품도 연금 상품으로 포장되어 판매하고 있다. 바로 주택연금이다. 주택 연금은 지금 살고 있는 내 집을 담보로 맡기고 일정기간 담보에 대한 대출금을 나눠서 수령하는 일종의 대출 상품을 변형한 것이다.

그런데 어느 순간 이 상품이 주택연금이라는 상품으로 둔갑해 팔리고 있다. 이 상품은 내 담보를 토대로 은행이 대출금을 연금처럼 나누어 지급 한다고 해서 역 모기지론이라고 한다. 문제는 여기에도 일반 대출 상품처럼 똑같이 대출에 대한 이자가 포함 된다는 것이다. 만약 담보가치가 하락 해 은행의 손실이 발생할 가능성이 커지면, 즉시 은행이 내 집을 땡 처리해, 은행 대출금을 보존하고 나머지 차액을 돌려준다는 것이 주택연금 상품의 골자 내용이 다.

집주인 입장에서 왜 은행이 내 집을 담보로 잡고 대출금을 파 셜(pacial)로 지급하면서 내 집의 처분권 까지 갖는 가. 이게 말이 되는 가. 이 상품의 판매를 허가해준 금융당국은 노후준비를 걱정하는 개인을 도와주기 위해서 했다고 말할지는 모르겠지만, 이는 전적으로 은행의 시각에서 설계되고 운용되는 상품이다. 이 거지 같은 상품을 연금으로 알고 내 집을 은행에 맡기는 순진한 사람을 농락 하는 짓거리 다.

형태는 다르지만 현재 은행, 보험사에서 판매되는 모든 종류의 연금 상품이 정도의 차이는 있지만, 철저히 금융회사의 편에서 설계되고 그들의 이익만을 추구한다는 점에서 같다. 은행, 보험사에서 판매되는 연금은 국가에서 일반인을 대상으로 가입을 강제하는 국민연금, 공무원·교사·군인들이 가입하는 소위 특수직연금과는 매우 다른 것이다.

현재 금융권에서 판매되는 연금은 비과세 혜택은 적고 (보험사 판매 연금의 경우 10년 이상 가입 시, 연금시점에 가서 이자소득에 대해 비과세 혜택이 주어진다고는 하나, 비과세 혜택이 주어진다고 해도 동일 기간에 가입한 과세 상품과 비교해 금리 경쟁력이 없다.) 상품운용에 대한 수수료를 내야하는 비용의 문제도 발생한다.

그리고 무엇보다 중요한 것은 국가에서 주는 혜택이 전혀 없는 것은 물론이고, 일반 금융상품과 비교해 금리도 높지 않다. 결론적으로 은행, 보험사에서 판매되는 연금상품은 그냥 금리도 낮으면서 가입기간만 긴 일반 금융상품일 뿐이다.

그렇다면, 지금과 같은 저금리 상태에서, 그저 금리 경쟁력이 없는 금융상품에 장기간 적립하는 결과 밖에는 안 된다. 지금보다 금리가 더 낮아진다는 점을 감안했을 때 기간이 지날수록 체감이자는 더 줄어들게 된다. 그래서 민간에서 운용하는 연금에 가입할수록 당신은 더 가난해진다는 말을 하는 것이다.

생각해봐라. 지금도 금리가 낮은 데, 그런 상품에 장기로 가입하는 것이 경제적으로 타당성이 있는가.

현재 은행, 보험사에서 운용하는 연금 상품 중에서 수수료를 공제하고 한국은행 기준금리 이상의 수익률을 내는 연금 상품이 있는가.

결론적으로 당신이 민간연금에 장기로 가입한다는 것은 은행, 보험사의 임직원 밥 먹여 살리겠다는 것 이외에 당신에게 돌아오는 이익은 없다. 주식투자가 위험하다고 해도 차라리 독점적 지위를 갖고 있는 국내 내수기업의 주식을 적금들 듯이 매월 사 모으는 것이 민간연금에 장기간 가입해 있어서 돈 까먹는 것보다는 낫다.

*그들이 말하지 않는 재테크의 비밀2
— 퇴직연금은 과연 누구를 위한 것인가

금융 감독원이 발표한 "퇴직연금 종합안내" 공시내용에 따르면 2014년 2분기 중 원리금보장 확정급여형(DB)퇴직연금을 운용하는 국내 생명보험사 중 단 한 곳도 운용수익률이 1%를 넘긴 회사가 없었다. 이 내용이 맞는다면 퇴직연금의 운용 수익률에서 수수료를 공제하고 나면 수익률이 마이너스라는 사실이다.

민간에서 운용하는 연금 상품이 거의 모두 이런 수준의 수익률을 기록 중 이다. 결론적으로 민간에서 운용하는 연금 상품은 개인의 주머니를 털어 금융회사 임직원 대주주 배만 불리는 상품이다.

그런데도 말이다. 정부는 2022년 까지 모든 기업의 퇴직연금가입을 강제의무화 하겠다고 한다.

그리고 퇴직연금의 수익률을 높이기 위하여 확정 기여 형(D C) 퇴직연금, 개인퇴직개좌(IRP)형의 총 위험자산 보유한도 40%를 확정급여형 과 같은 70%로 올려 적립금 운용규제를 완화 하겠다고 한다.

현재도 퇴직연금 운용사들의 자산운용 능력이 형편없다는 것을 운용수익률이 말해주고 있는 판국에, 위험자산 한도를 늘리겠다는 발상은 도대체 누구의 머리에서 나온 것인지. 그들이 정말 국민을 위해서 했다고는 믿어지지 않는다.

책상물림들인 정부 관료가 시장에 개입해, 그들의 잣대로 시장을 재단하고, 어느 일방에게만 유리하게 제도를 만들 때 나타나는 부작용들을 우리는 그동안 숱하게 경험해 왔다.

만약 그들이 현재의 퇴직연금을 공정하고 안정성 있게 운용할 수 있게 제도적으로 보완하려 한다면, 위험자산의 확대 이전에 퇴직연금 운용 결과에 대해 금융회사에도 책임을 지게끔 이를 법제화 시키는 장치를 먼저 만들어야 했다. 퇴직연금 운용 수익률이 원금의 손실을 가져와도 개인은 꼬박꼬박 운용수수료를 내야한다는 사실이 너무 부당하다고 생각하지 않는가.

가뜩이나 노후복지가 부족한 나라에서, 그 얄 량 한 퇴직금마저 금융회사의 입에 쳐 넣어, 그들의 배만 불리는 이 같은 조치를 과연 누구 맘대로 하는 것인지 그 책임자를 엄중히 문책해야 한다.

정부의 정무 직 관료, 공무원 들은 퇴직과 동시에 바로 매월 소득의 70%를 연금으로 지급 받는 사람들이다. 대다수 국민이 해당되는 국민연금의 현재 소득 대체 율이 20%도 안 되는 현실에서, 그야말로 그들은 분에 넘치는 연금을 수령하고 있다. 국민의 공복이라는 자들이 국민 위에 제도를 틀어쥐고, 국민들 위에 군림하는 꼴이다.

그들은 연금에 대해 국민들이 갖고 있는 정서를 이해 할 수가 없다. 자신만 등 따습고 배부르면 그만인 것이 바로 한국 관료들이다. 그리고 이들은 그들의 정책이 국민들에게 피해를 주어도 이에 대해 책임지지 않는다. 만약 이들이 국민이 처한 열악한 현실을 안다면 퇴직연금 운용에 있어서 국민의 편에서 국민에게 돈 한 푼이라도 더 이익이 되는 쪽으로 법을 만들고 시행 했어야한다. 이래저래 한국이라는 나라는 국민에게 의무만 강조하지, 정부가 의당 책임져야 할 일은 하지 않고 있다.

이러니 우리의 무덤으로 가는 길이 거칠고 고단한 일이 되는 것이다.

나는 본래 2금융회사의 법인 영업부에서 사회생활을 시작 한 사람으로 은행권에서 판매되고 있는 금융상품에 대해서 부정적이지 않다. 문제는 지금의 은행권 금융상품 금리가 낮아도 너무 낮다는 것이 문제다. 결국 금융상품은 안정적인 수익률이 그 가치의 본질인데, 지금 그 가치에 부합되는 은행권 금융상품이 없음에도, 퇴직자의 마지막 남은 생명줄 같은 귀중한 돈이 아무런 경제적 대가가 없는 상품에 투자되고 있고, 그 프레임에서 벗어나지 못하는 현실을 바로보자는 측면에서 이 글을 쓰는 것이니 오해 없기 바란다.

세상의 모든 간접투자 상품과 이별을 고하라

만약 투자 시장 내에서 날고 긴다는 검증된 금융, 증권, 부동산 전문가들이 여러분들의 돈을 받아서 투자를 대행 하고 여기에 대한 대가로 일정 수수료를 수취하고 그 수익금과 원금을 돌려준다고 가정 해보자.

이들이 그만한 위치에 올라 설 수 있었던 것은 나름대로 경험과 능력이 있었기 때문이다. 그리고 그들이 여러분의 자산운용에 대한 리스크를 회피하기 위해 투자 금에 대한 충분한 위험 적립금도 이미 확보 한 다음 투자대행에 나섰다고 해도, 이들이 이 사실을 공표하고 공개적으로 돈을 펀딩하는 순간 그들은 바로 감옥행이다.

왜냐하면 정부의 허가를 받지 않은 금융투자 행위는 모두 유사금융 법 위반으로 법적인 제재를 받기 때문이다. 그들의 자산운용 설계 능력이 제도권 보다 더 정교하고, 원금에 대한 손실을 보장한다고 해도 이것은 중요한 사실이 아니다.

그런데 이들과 똑같은 방법으로 개인의 돈을 간접적으로 운용하는 자산 운용사들은 자산운용의 결과 손실이 발생해도 이에 대해 책임도 지지 않고, 손실이 발생 했음에도 운용수수료는 합법이라는 이름으로 꼬박 꼬박 받는다. 과연 이 둘간에는 무슨 차이가 있을까.

법적인 부분을 제외하고 본질은 어느 누가 더 안정적으로 자산을 운용해 높은 수익을 올리고, 합리적으로 수수료를 받는 가가 문제의 본질임에도 실상은 법이 자산운용사에게 유리하게 되어있다.

금융회사들이 막대한 자금을 쏟아 부으면서까지 의회권력에 대한 로비를 하는 이유는, 결국 자신들에게 유리하게 제도를 만들어 그 이익을 영구화하기 위함이다.

게임의 법칙에 해당하는 금융 제도가 독점적 자본에게만 유리하게 만들어지는 본질적 이유를 우리는 이제 알아야만 한다.

그래서 간접투자 상품을 대표하는 펀드를 신용카드와 더불어 금융자본이 만든 최고의 빅 히트 상품이라고 조롱 하는 것이다. 현재 판매되고 있는 변 액 보험을 포함한 펀드 상품들은 상품운용의 결과에 대해 책임을 지지 않으면서도 막대한 수수료만 챙기고 있다. 그러나 그 수익률이라는 것은 언제나 그렇듯이 시장 평균에도 못 미치고, 투자원금의 손실도 종 종 발생한다.

이런 점에서 펀드라는 상품은 금융자본에만 절대적으로 유리하게 설계되어 있음에도 법적으로 문제가 없다. 부당하다고 생각하지 않는가. 펀드의 운용이 고객의 권리가 정당하게 주어지면 모를 까.

지금의 펀드는 펀드회사의 대주주, 임직원들의 배만 불리는 상품임이 분명하다.

개인이 투자 상품 리스트에서 펀드를 배제하고 다른 투자 상품을 선택해 포트폴리오를 운용한다면 개인의 투자 성과는 지금보다 훨씬 나은 수익을 냈을 것이다.

펀드회사들은 시장에서 그들에 대한 시선이 곱지 않다는 것을 알고, 계속해서 자산 의 구성을 달리한 신상품들을 출시해 돌려막기를 하고 있다. 그러나 이제 그 짓을 그만 두기 바란다. 펀드의 이름이 바뀌고, 자산운용의 형태를 바꾼다고, 고객 착취형 상품인 펀드의 색깔이 변하는 것이 아니다.

노후준비자금이라는 것이 어떤 성격의 돈인가. 사람에 따라서는 생명 줄 같은 돈이다. 그런데 이 돈을 별로 신뢰가 가지 않는 자산운용사의 말만 믿고 투자할 것인가.

그들은 결과에 대해 어떠한 책임도 지지 않는 다.

펀드에서 빠져나가는 수수료는 내 주머니에서 나가는 돈이다. 그 수수료를 가지고 펀드회사의 대주주, 임직원들은 잘 먹고 잘산다. 내 가 가입한 펀드의 원금이 깨지든 말든.

이는 도박장을 개설해 놓고 꽁지 돈으로 떼돈을 버는 것과 무엇이 다른가. 답이 없어서 펀드에 투자 한다고, 아서라 아서. 펀드에 투자하느니 직접 내수시장에서 독점적 시장 점유율을 갖고 있는 기업의 주식을 적금들 듯이 매월 사 모으든지, 증권사가 장외거래로 매입한 소액 채권에 직접투자 하는 것이 더 낫다. 결국 투자는 자신이 직접 리스크를 안고 투자하는 것이 정석이다.

*그들이 말하지 않는 재테크의 비밀 3
— 인터넷에는 내 지갑을 노리는 자들이 너무 많다

퇴직자들이 봉은 봉인가 보다. 노후자금을 어떻게 굴려야 하나 고민을 하고 최적의 솔루션을 구하기 위해 포털 사이트의 검색 창에 "펀드"라는 단어를 입력하는 순간, 내 지갑을 보고 달려드는 수많은 유혹의 글들이 난무한다. 대개 이 글들은 금융회사에서 비정규직으로 영업하는 사람들이 관리하는 카페, 블로그에서 나온 글들이다. 우리가 아무리 객관적인 정보를 얻기 위해 노력해도, 우리가 필요로 하는 객관적인 정보는 찾을래야 찾을 수가 없는 이유가 이미 인터넷은 그들의 손에 넘어가 있기 때문이다.

현재 인터넷에 돌아다니는 금융정보는 금융회사의 영업자들이 그들의 이익을 위해 금융회사의 입장에서 제공하는 정보들이다. 순진한 투자자들은, 그들의 말을 믿고 그들에게 의지하는 어처구니없는 상황이 그래서 일상화 되고 있다.

그들이 주력으로 프로모션 하는 상품들이 대부분 변액보험, 펀드 상품이다. 이들이 이러한 상품판매에 주력하는 이유는 장사꾼의 언어로 말한다면 이문이 많이 남기 때문이다. 변액연금의 판매수수료가 얼마나 되는지 알고 나면 놀라지 않을 사람이 없다. 아무리 자산운용을 잘해도 나가는 판매수수료가 많은 판국에 자산운용까지 제대로 못한다면 원금의 손실이 발생하는 것은 당연한 일이다.

미국에서 가장 많은 민사소송이 제기 되는 상품이 바로 펀드형 보험이라고 하는 변액보험이다. 우리나라도 예외는 아니다.

미래에셋은 현재 한국을 대표하는 거대 자산운용사다. 그런데 그들이 수조원에 달하는 개인의 돈을 끌어들여 만든 인 사이트 펀드는 펀드 개시 일이 거의 10년이 다가오지만 여전히 수익률이 마이너스 상태다. 그럼에도 미래 에 셋의 대주주는 막대한 배당금을 받고 있다.

자산운용사는 그들이 운용하는 펀드가 손실이 나건 말건, 개인고객이 죽어나가건 상관없이 꼬박 꼬박 수수료를 챙긴다. 바로 그 돈으로 그들은 부자가 된 것이다. 다시 말해 그들은 펀드를 판매 할 수 있는 라 이 센스 한 장으로 대동강 물을 팔았다는 현대판 봉이 김 선달이 된 것이고, 우리는 말 그대로 그들의 봉 노릇을 한 것이다.

왜 펀드에 투자하는 가. 그렇게 자신이 없는가. 자산운용사의 운용 수익률이라는 것이 시장 평균 수익률을 못 쫓아가는 것이 현실이다. 오죽하면 웨 렌 버 핏 조차 펀드에 투자하려거든 펀드 매니저의 간섭이 덜하고 수수료가 저렴하고, 시장 지수를 쫓는 인덱스 펀드에 투자하라고 말 하겠는가.

내가 정말 안타까운 것은 자신의 생명 줄과 다름이 없는 노후준비 자금을 펀드에 투자해서 원금을 날리는 경우다. 직접투자는 겁이 나서 못하겠다면 시장 변동의 폭이 적은 내수 관련 독점기업에 장기간 적금들 듯이 투자해라. 그렇게 하면 적어도 시장 평균 이상의 수익률은 얻을 수가 있다. 변동성이 매우 큰 투자시장에서 이를 이겨낼 선수는 없다. 그들도 시장을 모르기는 당신과 똑같다. 용기 내고, 공부해서 자립하는 개인투자자가 되기를 바란다.

왜 원룸이 돈이 되는지를 말해줄까

주거용오피스텔, 다가구원룸, 셰어하우스, 고시원, 다중주택 등 10년전 만해도 존재감이 적었던 이 단어들이 부동산 시장에서 키워드로 떠오르고 있다. 앞에서 언급한 단어들은 주택법, 건축법 등 적용받는 법 규정은 각기 다르지만 독신가구를 대상으로 하는 주택을 표현한 것이다. 미국식으로 말하면 스튜디오 주택에 해당되고 우리말로하면 원룸 또는 원룸주택으로 부른다.

고시원에는 고시생이 없다. 물론 고시생들이 전혀 없다고는 말을 못한다. 그러나 전체 고시원 거주자들 중 고시생들의 비중은 미미한 수준이다. 전국적으로 고시원(고시텔)이 수 천곳이 넘고, 그 숫자는 계속 늘고 있기 때문에 현재는 정확한 숫자마저도 파악이 안 된 다. 그 중 70%가 서울 수도권에 있다. 서울 수도권의 집값이 비싸기는 한가 보다. 이러니 고시원에 거주하는 사람이 계속 늘고 있는 것 이다. 그런데 우리가 잘못 알고 있는 것이 고시원하면 거의 다가 사회의 하층 계층에 속하는 독신자가 살고 있다고 생각하는 부분이다. 그런데 말이다. 고시원도 그 시설이 천차만별이고, 위치에 따라서는 가격이 웬만한 주택의 월세 가격보다 높다.

서울의 강남, 신촌 등의 원룸형태(샤워 룸, 화장실이 다 갖추어진)의 고시원은 실 평수 2,3평의 방 하나의 월세가 최소 50만원이 넘고, 심지어 6~70만원 하는 곳도 적지 않다. 서울에서 가장 고시원이 많은 신림, 사당동 등의 역세권, 대학가의 고시원(샤워 룸, 화장실이 갖추어진)도 최소 40만원은 다 넘어간다. 거의 원룸, 소형 오피스텔의 임대료와 맘 먹는다.

그렇다면 왜 이들이 그 돈으로 개인의 프라이버시가 보장되는 원룸, 오피스텔에 살 것이지 군이 고시원에 살까. 궁금하지 않은가. 독신자의 속성이 현대판 노마드의 기질이 다분 하기 때문에, 언제든 이동이 가능하고 몸만 들어가면 바로 큰 불편 없이 살 수 있는 주거공간을 선호하기에 그렇다. 이 영향으로 요즘 독신자를 대상으로 하는 원룸, 오피스텔 대부분은 주거에 필요한 세탁기, 냉장고, 인터넷, 주방기구 등 등 거의 모든 것이 완벽한 시설을 갖추고 있다. 이제 독신자를 위한 임대주택도 그것이 무엇이든간에 고객만족 서비스가 없으면 고사하는 시대다.

독신가구도 비약적으로 늘고 있고, 이들의 라이프 스타일상 생활하기 편하고, 이동이 자유로운 임대 주택을 선호하는 사람이 크게 증가했다. 주거에 필요한 옵션이 완벽히 준비되어있는 원룸, 오피스텔, 고시원에 우리 사회 하층계층이 거주한다고 생각하는 것은 실상을 잘 모르고 하는 말이다.

원룸은 다가구를 개조한 임대 전용 집합건물에서부터 고시원, 다중주택, 주거용 오피스텔 등 독신가구를 대상으로 하는 임대주택을 다 포함하는 개념이라고 보면 된다. 이러한 주거 시설을 보통 스튜디오 주택이라고 부른다. 스튜디오 주택은 미국 뉴욕의 독신가구의 보편적인 주거 형태로 우리나라 식으로 말하면 원룸의 개념이다.

즉, 한 공간 안에 침실, 부엌, 화장실 등 주거 시설이 다 있는 주거공간을 말한다. 따라서 스튜디오 주택은 이런 형태를 갖고 있는 주택의 형태를 총칭한다고 할 수 있다. 스튜디오 주택에 해당하는 주택에는 우선적으로 다가구를 개조한 집단 건물 형태인 원룸이 있고, 주거시설이 한 공간에 모여 있는 주거용 오피스텔, 그리고 이를 변형한 형태인 고시원, 셰어 하우스들이 다 포함된다고 보면 된다.

거의 모든 사람들이 하는 말이 돈도 없지만, 돈이 있어 도 투자할 곳이 마땅치 않다는 것이다. 그렇다. 현재의 금리 수준으로 봐서는 정말 투자 할 곳이 마땅치가 않다. 그리고 내수경기의 불황으로 소비지출이 감소하면서 상가경기도 예전 같지가 않다. 정말 돈이 있다손 치더라도 투자할 곳이 없는 것이 현실이다.

그런데 이상한 흐름이 최근 몇 년 동안 계속해서 감지되고 있다. 부동산 시장이 완전히 맛이 갔다는 데도 불구하고, 소형 아파트, 원룸(다가구), 주거용 소형 오피스텔의 임대료는 좀처럼 떨어지지 않고, 오히려 오르고만 있다. 임대료만 오르는 것이 아니다. 매매가격도 오르고 있다. 죽을 쑤고 있는 주택 시장에서 오르고 있는 주택은 다가구 원룸, 소형아파트, 주거형 오피스텔이다. 왜 그럴 까. 이건 물으나 마나, 독신 가구의 비약적 증가에 원인이 있다. 경제학에서 수요와 공급 사이에 수요가 이니셔티브를 가지면 가격은 당연히 오르는 법이다. 한때 불황이라고 했던 아파트 시장에서 유일하게 가격이 오르는 것이 소형 아파트였다.

그 이유는 여러분이 다 아는 사실 그대로다. 앞서 말했듯이 수요가 넘쳐나기 때문에 그런 것이다. 우리나라의 독신가구 비율은 최근 몇 년 사이에 급증에 급증을 더 해 왔다. 그런데도 선진 국 수준의 40%에 이르려면 아직도 멀었다.

독신자들이 가난하다는 생각은 편견일 수 있다. 그래도 독신가구의 평균소득이 낮은 것은 사실이다. 그리고 독신가구의 많은 비중을 차지하는 20대 30대는 사회적으로 돈을 축적할 여유도 없고, 평균소득도 낮다.

그들을 현대판 노마드라고 부르는 것은, 일자리를 찾아 이 도시, 저 도시를 떠돌기 때문에 붙여진 별칭이다. 그들의 생활에서 정주형에 가까운 기존의 주택은 맞지 않는 옷이고, 가격대는 쳐다보지 못할 정도로 높다. 이런 여러 가지 이유로 그들의 라이프 사이클에 맞고, 임대료가 상대적으로 저렴한 주택이 바로 독신가구의 니즈와 일치하는 원룸주택이다.

그런데 상대적으로 저렴한 주택인 줄 알았던 독신가구를 위한 임대주택이 이제 그들의 소득을 감안 할 때 결코 싼 주택이 아니라는 점이다. 겨우 사람 몸 하나 누울 수 있는, 실 평수 3평도 안 되는 방이 방안에 화장실이 있다는 이유로 중심가를 벗어나 있는 고시원 방도 월 임대료가 40만원이 넘는 다. 강남 같은 곳은 더 높다. 임대료로 월 60만원, 70만 원을 줘도 좁은 방에서 벗어나기 어렵다.

대학가 주변의 낡은 5평 남짓한 다가구를 개조한 원룸도 보증금이 최소 천만 원에, 월 임대료가 40만원에서 60만원 넘는다.

아무리 임대주택의 신규공급이 제한되어 있어 공급이 부족하다고는 하지만 이런 수준의 가격대가 형성되고 있는 것은 아무리 봐도 임대 주 들 간에 침묵의 카르텔이 형성되어 있지 않으면 불가능하다. 실제 대학가의 원룸 촌은 임대료가 입을 맞추기로 한 것처럼 거의 같다.

다가구 원룸 주택은 돈이 된다. 그러나 돈 없는 사람이 이들 주택에 투자하기는 어렵다. 원룸은 다가구의 집합건물을 통째로 매입해 운용하지 않는 한, 소액을 가진 투자자가 투자할 수 있는 물건이 아니다. 고시원도 마찬가지다. 30실 이상의 규모를 가진 고시원은 아무리 변두리 외곽 지역이라고 해도, 시설비용 까지 합하면 3-4억 원 은 훌쩍 넘어서기 때문이다.

그렇다면 돈이 없는 사람은 소위 말하는 스튜디오 주택에 투자할 수 없는 것인가.

아니다.

나름대로 신용관리를 잘해오고 5천만 원 정도의 종잣 돈이 준비되어 있는 사람들은 일부 모자라는 돈은 매입물건을 담보로 해서 부족자금을 조달할 수 있다. 현재는 은행의 대출이자보다 월세 수익률이 더 높아야만 레버리지 효과가 발생한다.

소액을 가지고 투자 할 수 있는 물건이 바로 변두리 외곽 의 주거용 소형 오피스텔 이다. 이 물건은 돈 없는 사람도 얼마든지 투자할 수 있는 방법이 있다. 그리고 주거용 오피스텔 투자의 특징은 변두리 외곽으로 나갈수록, 가격대가 저렴할수록 이와 비례해 수익률은 더 높아지는 특징이 있다. 돈 없는 사람의 노후 준비에, 이만한 투자 상품이 없다는 것도 그래서 말하는 것이다.

독신자를 위한 원룸, 또는 스튜디오 주택이라고 부르기도 하는 독신가구 전용 임대 부동산이 경제성이 높아진 것은 말하나마나 독신가구가 급속도로 늘고 있기 때문이다.

공실률이 거의 없다고 가정 했을 때, 서울 대학가나 외곽의 역세권에 실 평수 5-6평하는 다가구 주택 10가구를 원룸형태로 임대 했다고 가정 해보자. 그 수익률이 정말 대단하다. 보통 이런 원룸은 보증금은 매우 적기 때문에 큰 의미가 없고, 대략 월세가 50만원이 넘는다.

서울에서 독신가구를 대상으로 하는 원룸이 가장 많이 밀집되어 있는 소위 대학동이라고 부르는 서울 대 정문 쪽 녹두거리 주변 원룸의 임대조건이 보통 보증금 5백만 원에 월세 40만원에서 50만 원 선이다. 거주공간의 실 평수는 평균적으로 3~5평 정도다. 10가구의 총 임대 수익을 합하면 가구 당 50만원만 잡아도 월 500만 원, 연으로 6천만 원이다. 여기에 매월 받는 월세를 가지고 채권이나 다른 금융상품에 투자 한다고 가정 했을 때는 그 수익률은 더 확장된다.

이러니까 사법고시 폐지, 행정고시 축소 등으로 고시생이 거의 떠났다는 소위 고시촌으로 부르는 신림2동, 9동에는 지금도 이 곳을 떠나지 않고, 독신자들을 대상으로 기업 형으로 원룸을 운용하는 사람이 많다. 왜, 정말 돈이 되니까. 공실률만 신경 쓰면 웬만한 대기업 직원 월급을 매달 받는 데, 어느 바보가 이를 포기하겠는가. 만약 집 판돈으로 은행 예금에 넣어두면 그 돈의 10분의 1이라도 나오겠는가. 1억 원을 예금해 1년 후 만기 이자가 세후로 1백만 원도 안 되는 시대다.

그러니까 요즘에 돈 좀 있는 퇴직자들이 위험천만한 창업시장에 뛰어드는 대신, 너나 할 것 없이 원룸 시장에 뛰어드는 것이다. 하지만 고시원, 원룸이 돈이 된다는 것은 다 알고는 있지만, 최소 투자금액이 최소 3억 원 이상은 가져야 하는데, 이 정도 여유자금이 있는 사람이 그리 많지가 않다. 그래서 그 대안을 소위 독신자를 위한 스튜디오 주택 중에서 소액으로 투자가 가능하고 관리가 쉬우면서, 매매차익도 노려볼 수 있는, 그리고 무엇보다 레버리지 효과까지 얻을 수가 있는 저가 소형 오피스텔을 눈여겨 보라는 것이다.

신규 분양되는 오피스텔, 도시형 생활주택을 그 딱 추천하지 않는 것은 신규 분양되는 오피스텔, 도시형 생활주택은 평당 매매가가 너무 높아, 투자금 대비 경제성이 기존에 지어진 소형의 저가 오피스텔과 비교해 떨어지기 때문이다.

오피스텔 투자는 공실률이 같다고 했을 때, 매매가기 낮을수록, 도시외곽으로 나갈수록 수익률이 높아진다. 그러니까 수익률 이라는 측면에서는 보기는 좋아도 서울의 핵심권 역내에 있는 강남, 광화문, 성수동 등의 럭셔리 오피스텔의 수익률이 투자 금 대비 가장 낮고 상대적으로 도심권에서 멀리 떨어진 안산, 시흥, 수원 등에 있는 대규모 오피스텔 단지의 평균 수익률이 가장 높다.

07   4050 세대가 정말 재테크에 미쳐야하는 이유

재테크에 미쳐야 한다는 표현, 좀 그렇다. 이 표현 자체가 천박하기도 하고, 늦은 나이 까지 재테크에 미쳐야 한다니, 조금은 슬프기도 하고. 비록 표현은 천박하지만 이 말의 진정성은 알아주기를.

자, 우리 솔직히 말해보자. 은퇴 후에도 왕성하게 자신의 분야에서 활동적으로 일하는 분들도 많겠지만, 대부분은 현직에서 하던 일과 무관한 일을 해야 하고, 소득도 더 적은 것이 현실이다. 이 문제는 실존의 문제이고, 현실이기 때문에 외면만 해서는 안 된다. 그렇다고 해서 없는 돈이 어디서 갑자기 쏟아 질리도 만무하고, 재테크라는 말을 풀어서 얘기 하면, 자신의 소득을 가지고서 가처분 소득을 늘리는 행위 또는 그 과정이다. 재테크를 통해서 개인의 역량에 따라 늘릴 수 있는 가처분 소득은 천차만별이다. 개인의 가처분 소득이란 먹고 사는데 쓰는 돈을 제외하고, 소비와 저축 할 수 있는 돈을 말한다. 그러니까 소득이 줄면 돈을 늘리기는 고사하고 오히려 까먹는 사람도 많아지고, 사람에 따라서는 정말 노력해서 발품을 팔고 정보를 찾고 해서 가처분 소득을 크게 늘리는 사람도 있다. 이것이 재테크의 경제적 효과다. 버는 돈은 정해져 있는데 그 이상의 소득을 가능케 해주는 것, 이것이 바로 재테크다.

이 책을 쓰면서 가장 고민 했던 부분은 은행권 상품을 배제하고, 그 이상의 수익률을 내는, 그것도 소액을 가지고, 투자 원금의 손실도 없으면서, 수익률을 계속 확장 할 수 있는, 상품이 과연 무엇이 있을까 하는 문제였다. 이 지독한 저금리 상태에서 그것도 안정성을 담보하면서. 한국은행의 기준금리가 1.25%로 인하되면서 언론을 통해 들리는 이야기가 저금리의 대안으로 채권 형 펀드 투자비중을 늘리라는 것이다. 저금리의 투자대안이 채권 형 펀드란다. 뭐 틀린 얘기는 아니다. 그러나 이는 하수들이나 하는 방법이고, 이 정도를 가지고 저금리의 투자대안이라고 한다면 사실 고민할 것도 없다. 그러나 우리는 그 이상의 것을 추구하기에 고민이 많은 것이 아니겠는가.

이 나이에 재테크 책을 쓰는 사람이 책임감 없게 말도 안 되게 부풀려진 수익률을 말하는 상품을 가지고, 대안이라고 할 수는 없는 노릇이고. 그렇다고 수익률의 변동이 극심한 주식을 가지고 문제를 풀어가는 것도 사안의 중요성에 비춰 볼 때 적합하지는 않고.

그런 와중에 독신가구를 대상으로 하는 임대 주택이 눈에 들어왔다. 처음에 여기에 대해 관심을 가진 것은 매우 선견지명이 있는 부동산 시장에서 컨설팅 일을 하는 지인에게서 얘기를 듣고 나서

부터다. 그 시점을 시작으로 시장 조사를 하고, 각 지역의 부동산 중개업소 사장들과 정보를 교환하면서, 부동산 시장에서, 기존의 주택 시장과 별개로 해서 독신가구를 대상으로 하는 임대주택의 경제성이 급신장 중이라는 것을 알게 됐다. 이른바 부동산 시장에서 보이고 있는 투자 상품간의 디 커플링 현상은 이를 두고 말하는 것이다.

부동산 버블 붕괴 이후 거의 모든 사람들은 부동산 시장은 이제 완전히 맛이 갔다고 했지만 그 안에서 독신가구를 대상으로 하는 소형 아파트, 원룸시장은 오히려 경제성이 높아지고 있다는 사실. 그 이유는 명확한 실체가 있는 경제적 패러다임으로 굳어진 현상, 즉 독신가구의 비약적 증가에 있었던 것이다.

패러다임이란 말은 쉽게 얘기하자면 "시장 환경에 적응해 살아남을 것인가. 아니면 과거의 투자습관을 고집해 경제적으로 사망할 것인가의 선택을 강요받는 것이다." 여러분의 선택이 그래서 무시하게 중요한 것이나.

저금리 흐름은 계속되고 있다. 최근 한국은행의 기준금리가 1%대로 주저앉고, 세계적으로도 미국의 양적완화 정책, 유로화의 급격한 가치하락 등의 이유로 국내는 물론이고, 전 세계적으로 저금리가 대세적 흐름인 상태에서, 시장금리에 수익률이 절대적으로 영향 받는 은행권 상품의 경제성은 거의 똥의 수준이다.

그렇다면 답은 거의 정해져있다.

정말이지 나쁜 얘기지만 부자가 되려면, 없는 사람 주머니를 털어야 한다는 말이 있는데, 공교롭게도 임대주택 투자에서 우리가 노리는 주머니는 소득이 적은 독신가구다. 이를 어찌 생각해야하는 지. 그냥 깊게 생각하지 않는 것이 정답일 것 같다.

개인적으로 노후 준비를 위한 상품으로 은행권, 보험사 등의 연금, 저축성 상품들이 그 대안이 된다는 것은, 금융회사 그리고 그들의 기관지라고 까지 맹비난을 받는 언론사가 합심해 만든 일종의 대중조작이라고 본다. 진실을 안다면 누가 이런 똥 같은 상품으로 노후를 준비 할 것인가. 만약 이 책을 읽고 나서도 연금저축이니 퇴직연금 등의 은행권상품으로 노후를 준비하겠다는 사람이 있다면······ 설마 이 책을 읽고도······ 그런 사람은 없겠지.

나는 누구의 편도 아니다. 돈을 벌기위해서 라면 항상 그렇듯이 금융회사의 이익이 되는 한에서 그들의 논리를 설파하는 것이 낫다. 그래야 금융회사의 강의라도 들으러 올 것이 아니겠는가. 그런데 연식이 오래되다 보니, 사회적 책임감도 생기고, 금융회사에서 그들의 이익이 되는 강의를 하는 것 에도 관심이 없다. 그저 대중의 입장에서 시장의 객관을 말하고 싶을 뿐이다. 그래야 내 인생에도 의미라는 단어가 생기지 않겠는가. 돈 보다 중요한 가치가 세상에 존재한다는 것을 뒤늦게 깨달은 것이 아쉽기는 하지만······,

나는 모든 이해관계를 떠나서 진정으로 객관적으로 말해 현재 은행권 상품 정도의 안정성을 보장 하면서 개인의 능력에 따라서는 그 10 배 이상의 수익률을 낼 수 있는 노후준비 상품은 독신가구를 대상으로 하는 원룸 주택 뿐이라고 믿고 있다. 아직까지는.

4장
월세가 연금을
대신하는 시대

01 5천만 원으로 노후준비를 끝내다니 거짓말 아니야

돈은 움직이는 것이다. 당신의 돈에 창조성을 부여하면 보잘 것 없던 당신의 돈은 당신이 원하는대로 당신을 위한 춤을 출 것이다.

돈의 가치는 남들의 생각일 뿐, 남들의 눈에는 초라해 보일지라도 이 초라한 돈이 당신의 운명을 바꿀 수 있다.

한국은행의 기준금리가 겨우 1.25%이고 은행의 정기예금 표면금리가 1% 대인 현실에서 연 10%의 수익률을 올린다는 것은 거의 불가능 한 미션으로 보인다. 재테크에 신경 안쓰고 우직하게만 살아온 사람에게는.

안철수처럼 회사 설립 초기에 저가로 B W(신주 인수권부 사채) 같은 주식연계채권을 저가로 발행받아 회사를 유가증권시장에 상장시킨 후 주가가 급격히 오른 후 부여받은 옵션 권을 행사해 자본이득을 얻는 경우는 연 10%가 아니라, 투자 원금의 몇 백배의 수익률을 올리는 사례도 있는 세상이다. 실제 안 철수는 그가 대주주인 안 랩이 정치테마주의 대장 주가 되면서 한 때 투자 금 대비 수백 배의 돈을 벌었다. 이 정도면 대선에 출마하지 못 했다고 해도 울먹여서는 안 된 다. 그가 번 돈은 결국 유권자이기도 한 개미 투자자들의 눈물과 땀이 배인 소중한 돈이었다. 도덕적으로 문제가 있다.

그런데 이런 일이 평범한 우리에게는 현실적으로 와 닿지 않는다.

그러나 아무리 저금리라고 해도 우리 같은 사람이 연 10%의 확정수익률을 불가능한 미션이라고 지레 겁먹고 포기하는 것도 마음에 안 들기는 마찬 가지다.

어떻게 하면 연 10%의 수익률을 올릴 수가 있을 까. 그리고 연 10%의 수익률은 올리는 것은 물론이고 쌈짓 돈 5천만 원으로 노후에 필요한 생활자금의 40%를 충당 할 수가 있을 까. 결론적으로 말해서 이 미션은 가능하다. 상식선에서.

재테크에 무슨 비법이 있는 가. 남의 돈을 끌어 들이기 위해, 고수익을 미끼로 내거는 인간들은 대게 뒷감당을 못하는 사기꾼 들이다. 현재 저금리를 틈타고 유사금융으로 사람들의 불안한 심리를 이용해 사기 치는 놈들이 얼마나 많은가.

그러나 우리는 배운 대로 정석적으로 금융권을 이용해서 투자금을 전략적으로 활용하는 방법으로 이 미션을 가능하게 해보도록 해보자. 레버리지를 활용하면 더 좋겠고. 레버리지란 소위 지렛대 효과를 말하는 것에서 유래됐다. 그러니까 지렛대를 이용해 낮은 곳에서 높은 곳으로 물을 퍼 올려 한 번에 물을 쏟아 부으면, 그 파

괴력이 커지는 것처럼 낮은 금리로 자금을 조달해 높은 수익률의 상품에 투자하면 그 수익률이 배가 된다는 것이 레버리지 이론의 핵심이다.

은행의 예금금리가 낮다는 것은 은행의 대출금리도 함께 낮아지는 것을 의미한다. 만약 저금리로 대출받아 10% 이상의 이익이 나는 곳에 투자한다면, 이는 빚을 내서 투자한다고 해도 위험이 증가하지 않으면서, 투자이익을 늘리는 행위가 된다. 단지 이런 상품이 많지 않다는 것이다. 그리고 주식 투자처럼 수익률이 롤로코스트를 타는 상품은 당연히 적당치가 않다. 이 기준에 가장 들어맞는 상품이 바로 주거용 오피스텔이다.

주거용 소형오피스텔에 투자하고 나서 매월 받는 임대료를 가지고 적립식예금이나 소액 채권에 투자해 원금을 불린 다음 소유하고 있는 매물을 담보로 해서 대출받아 오피스텔을 한 채 더 매입해 임대를 놓는다면 투자 금 대비 실질 수익률은 10%, 아니, 그 이상의 수익률이 가능하다. 이게 소위 말하는 레버리지의 묘미다. 저금리를 이용해 고수익이 나는 상품에 저리로 대출받아 투자하는 것, 바로 이것이 가처분 소득을 최고 화 시키는 재테크의 기술인 것이다. 이것은 역설적으로 저금리 환경 이니까 가능한 것이다. 저금리를 역으로 이용하는 재테크 전략, 겨우 금리0.1% 더 받기 위해 어느 회사의 퇴직연금이 수익률이 높은가를 저울질 하는, 또 그것이 잘하는 재테크인줄 생각하는 그런 재테크는 하지 말자. 개인의 실질적 가처분 소득을 늘려주는, 그래서 나중에 웃을 수 있는 재테크 이것이 진정한 고수의 재테크다.

아래의 내용은 5천만 원 으로 저가 주거용 오피스텔과 금융상품을 연계해 연 10%의 수익률로 노후 생활자금의 40%를 마련하는 미션에 대한 시뮬레이션이다.

1. 미션 수행 1단계

— 저가 매물이 대규모로 집단을 이루고 있는 단지들을 집중 공략해 경제성 있는 매물을 확보한다. 여기서 중요한 것은 인터넷으로 눈 팅만 하지 말고, 타깃지역을 샅샅이 헤집고 다니면서 믿을 만한 전략적 파트너(지역 부동산 중개 사무소)를 찾는 일이 다. 그런 다음 실제 거주자들의 심층 인터뷰를 통해서 실상을 낱낱이 파악한다. 그런 다음에 매물 확보에 도전한다.

2. 미션 수행 2단계

— 수도권에서 투자금 대비 임대 수익률이 가장 높은 저가 오피스텔의 대규모 밀집 지역인 시흥 시 정 왕 동, 안산 시 고잔 동, 수원 시 인계 동에는 꾸준히 소액으로 투자할 수 있는 저가 매물이 나오고 있다.

시흥시 정왕동의 대선 월드피아(49㎡, 분양면적 기준), 로 얄 퍼스트빌(50㎡). 화신오피스텔(40㎡),골드라이프(52㎡), 안산 시 고잔 동의 아이즈 빌(35㎡), 아이즈 빌 2(50㎡), 대우 아이빌(43㎡), 트윈 브레스빌(40㎡). 수원 시 인계 동 신동아 파스텔(44㎡), 대우 마이 빌(53㎡)의 매매가는 분양면적, 전용면적, 신축년도 등에 따라서 대략 6,000

만 원에서 8,000만원 사이 다. 시흥시 정왕동 오피스텔 단지의 경우는 6,000만 원대의 물건이 많이 나오고 있다. 여기에 있는 내용은 실제 지역 중개사무소에서 듣는 얘기와 다를 수는 있음으로 투자 전에, 현장을 직접 방문해 정확한 가격대를 다시 한 번 확인한다.

위에 열거한 지역의 임대조건은 보통 보증금 500만원에 월세 38만원에서 45만 원 선이다. 만약 매매가가 5500만원이라면 보증금을 포함해 5천 만 원으로 투자 할 수가 있고, 이 경우 월세가 40만원이라고 하면 연간 총 월세가 480만 원이 되는 것이므로 세금 등의 다른 요인을 감안하지 않은 표면 수익률로 9.6%가 되는 것 이다. 인터넷에 나오는 정보는 현실과 괴리감이 있다. 급매로 나오는 물건도 있고, 그래서 매매가는 현장에 가서 발품 팔아 확인하는 것이 가장 정확하다.

3. 미션 수행 3단계 레버리지

투자금이 모자라거나 좀 더 좋은 물건에 투자하고 싶은데, 투자금이 모자라는 경우에는 어떻게 할 것인가. 답은 좋은 말로하면 레버리지 하는 것이고, 다른 말로하면 빚을 내 투자하는 것이 된다.

그런데 빚을 내서 투자하는 것에는 한 가지 조건이 반 드 시 충족되어야 만 한다. 소위 레버리지 효과를 얻기 위해서는 대출금리가 투자 상품의 수익률보다 낮아야 한다는 점이다.

현재 담보물건의 경우 대출금리가 은행 대출금리 결정에 크게 영향 미치는 한국은행의 기준금리가 떨어지면서, 부동산 담보 대출의 경우 연 3%대로 금리가 떨어진 상태다. 연 대출금리가 3%일 때 대출금이 3천만 원이라고 가정하면 연간 총 발생이자는 90만 원이 된다. 만약 매매가 6천만 원의 오피스텔을 대출 3천만 원을 끼고 매입해 보증금 500만 원에 40만 원에 임대 하였다고 가정하면, 순수 투자금(대출금3천만 원+보증금500만 원) 2천 5백만 원으로 연 480만 원의 임대 소득을 올리는 것이 되고, 여기에 3천만 원에 대한 3%의 대출 이자 90만원을 공제하면 순이익은 390만 원이 된다. 그러니까 반드시 5천만 원이 있어야 오피스텔에 투자할 수 있는 것은 아니다.

빚을 내 투자는 했어도 순수 투자금은 2천 5백만 원임으로, 2천 5백만 원 투자로 결과적으로 연 390만원의 임대 소득을 올린 것이 되고, 이는 연 수익률로 약 15%의 수익률을 올리는 결과가 된다. 이 수익률은 모든 조건이 완벽하게 충족되었을 때 가능한 것이고 현재 오피스텔 시장 전체 평균 수익률은 6~7%사이 이다. 이 수익률은 평균 수익률로 여러분의 능력치에 따라 그 이상의 수익률은 얼마든지 가능하다.

계산식이 좀 복잡해지는 부분이 없지 않아 있는데.

쉽게 정리해서 다시 말하자면 현금으로 5천만 원을 갖고 있다고 했을 때, 한 가구 당 대출을 3천만 원 끼고, 매매가 6천만 원인 매물을 임대해 보증금 500만 원에 월세 40만원에 임대를 놓을 경우 5천만 원으로 두 채를 매입해 임대를 놓는 결과가 됨으로, 두 채에 대한 대출이자 180만 원을 공제해도, 연간 임대 수익률(두 채) 960

만원에서 대출이자 180만원을 공제해도 순이익이 780만원이 되는 것임으로 연간 투자 수익률은 약15.1%가 된다는 말을 하는 것이다. 이 수익률은 세금 공제 전 수익률이고, 공실률이 제로라고 가정을 전제해서 계산하는 것으로 최종 수익률의 차이는 있을 수가 있다.

금융권의 대출심사는 대개 담보물건의 환금성, 현 시세, 주 채무자의 신용등급에 따라서 대출 가능 액이 60%에서 많게는 80% 까지 가능하다. 물론 대출 가능 액이 80%가 되려면 금융회사에서 주 채무자의 신용대출 한도를 어느 정도 인정 한다는 가정이 성립 되어야만 한다. 적어도 금융 통합 전산망 상의 개인 신용등급이 우수하면 담보물건 + 개인의 신용공여부분이 합해져 소액 담보물건의 경우 매매가의 80%선 까지 대출을 받는 것에는 어려움이 없다.

그리고 여기서 대출과 관련한 중요한 팁을 하나 주자면 부동산 담보 대출의 경우 단위 조합(농협, 수협)에서 대출 받을 경우 오히려 은행보다 유리 할 수 있다는 점이다.

단위 조합은 가 가 독립채산제로 운용되고 조합의 여건에 띠라서 대출 가능 액, 대출금리에 있어서, 우월한 조건으로 대출을 하는 곳이 있다. 이런 조합을 잘 찾아서 대출을 받을 경우 은행 보다 좋은 조건에서 대출 받을 수가 있으니, 대출 잘 받는 것도 수익률을 높이는 방법이라는 관점에서 신경 써서 챙겨야 한다.

담보물건 2채의 총 매매가는 1억 2천만 원인데 지금 내가 가진돈은 5천만 원 뿐이다. 따라서 부족자금은 실질적으로 6천만 원(2채에 대한 보증금 각 각 500만원 식 공제함으로 실제 부족자금은 7천만 원이 아니고 6천만 원이 된다) 이 경우 담보물건 2채를 동시에 근저당 설정하고 대출받아 잔금을 치르는 일이 가능하다. 금융권 언어로는 이런 방식을 두고 "동시 패션"으로 작업을 진행한다고 말한다. 즉 근저당설정과 동시에 대출금을 받아 잔금을 치르는 방식이다.

4. 미션수행 4단계 "임대소득의 확장을 위하여

지금의 저금리 하에서 갖고 있는 돈을 은행, 보험사의 상품에 올인한 사람은 피 눈물이 날 것이다. 이들 상품이 저금리로 인해 아무런 경제성을 담보하지 못하고 있기에 그렇다.

그러나 역설적으로 지금의 저금리가 안정적인 고수익(상대적으로) 상품인 원룸에 투자 한 사람에게는 오히려 기회다. 왜, 저금리로 대출받아서 투자의 파이를 키워 수익을 체증시킬 수 있는 좋은 기회가 되기 때문이다.

투자는 흐름이고 방향이다. 현재의 상황에서 어디에 투자를 해야 하나, 이거 물으나 마나 한 질문 아닌가.

02 우리시대의 투자를 읽는 키워드 5가지

투자상품의 가격이 결정되는 과정은 단순하지 않다. 상품의 가치라는 것은 경제흐름, 투자자의 니즈, 사회 문화적인 변화, 시장의 유동성, 정부의 정책 등 다양한 요인에 의해서 결정된다.

특히 금융위기 상황에서 벌어지는 투자상품의 가치변동은 그 변화의 폭을 가늠하기 어렵다.

미국 발 서브모기지론 금융위기로 인해 국내 금융시장이 요동치던 때가 있었다. 주가는 1,000포인트대로 급락 했고 기업이 발행하는 회사채 금리는 치솟았다.

순식간에 금융시장은 공포에 휩싸였고 언제나 그렇듯이 시장은 집단동조화의 늪에 빠져 개인, 기관 너나 할 것 없이 갖고 있는 물량을 털어내기에 급급했다. 금융위기의 공포가 합리적 이성을 마비시키는 상황에서 이동평균선 운운하며 주식시장을 분석하려는 자는 필시 제정신이 아닌 사람이다. 아무리 뛰어난 투자분석가도 금융위기 상황에서는 그의 지식은 무용지물 이다.

그 이후 세계는 남유럽의 발칸반도, 이베리아반도, 이탈리아 반도에서 동시 다발적으로 발생한 재정위기로 다시 한 번 금융공황의 위기를 맞았었다. 그리고 지금도 금융위기는 수면 아래에 있을 뿐 언제나 재발의 여지가 있다. 여기서 드는 의문 한 가지. 왜 이리도 금융위기는 수시로 찾아오고, 그 주기는 짧아지는 것일까. 복잡한 변수가 있을 것이다.

그러나 그 위기의 큰 줄기는 작금의 세계자본주의가 펀드자본주의 시대라고 할 정도로 탐욕적인 투기펀드에 의해 경기예측이 불가능해졌다는 점만은 확실하다.

세계에서 유통되는 통화량 100조 달러 중 2%만 정상적인 상거래를 통해 유통되는 돈이고 나머지 98조 달러가 투기펀드가 움직이는 돈이다. 개의 꼬리가 몸통을 흔드는 꼴이 다. 따라서 탐욕적인 투기펀드를 제도적으로 통제하고, 규제하지 않는 한 금융위기는 수시로 찾아올 수밖에는 없다.

현재 세계경제는 속도와 경쟁의 가치만이 우선시되는 소위 신자유주의 경제 시스템 하에 있다. 그래서 이로 인해 벌어지는 부의 독점, 금융위기, 빈자의 양산은 개인의 게으름, 자연재해에 의한 것이 아니라 잘못된 경제 시스템에 의해서 벌어지는 것으로 가난을 개인의 탓으로 돌리는 것은 시대정의가 아니다.

독점화, 양극화의 경제현상은 무릇 개인에게만 벌어지는 현상이 아니다. 투자시장에서도 그 양극화 현상은 현재 진행 중 이다. 주식

시장에서 소수의 대기업이 주식시장의 시가총액을 전부 쓸어 담고 있는 것이나, 부동산시장에서 부는 디 커플링 현상도 이런 현상을 반영하는 흐름이다.

우리는 독점적 자본에 의해 양극화가 지나치게 확대될 때 그 것이 사회변혁, 혁명의 도화선이 되었음을 역사를 통해 알 수 있다. 그래서 영리한 독재자들은 강력한 국가주도의 사회주의 경제모델을 도입한다. 비스마르크 시대에 근로자 재해보험이 최초로 만들어졌고, 우리나라도 유신말기였던 1977년 국내 건강보험의 효시가 되는 근로자 복지보험이 입법화 됐음을 기억할 필요가 있다.

많은 사람은 오 바 마 의 개혁정치가 실패했다고 하지만 그는 실패하지 않았다. 그를 통해서 자본의 권력이 얼마나 막강한지를 미국 시민이 알게 됐기 때문이다. 향후 세계정부가 금융자본의 반독점 규제법을 강화하고 자본을 통제하지 못한다면, 금융위기는 계속되고 우리의 투자는 그 속에서 롤러코스터를 타게 될 것이다.

다시 한 번 말하지만 개인의 투자는 사회·경제 흐름에 종속 될 수밖에는 없는 구조다.

고로 앞으로는 한국은행의 기준금리와 연동되어 금리가 움직이는 은행권의 예금으로는 절대 돈을 벌수가 없다.(여기에서 돈을 번다는 개념은 큰돈을 버는 것을 의미 하는 것이 아니다. 실질수익률 3-4%정도 이상의 수익률을 내는 투자를 말한다) 앞으로 정부는 복지재정을 확충하기위해 정치적 부담이 되는 증세정책 보다는 국공채 발행을 늘려 복지재원을 조달하려고 할 것이다.

아무리 목적이 좋아도 세금을 더 걷는 일은 당장 국민의 저항을 불러올 것이 뻔하고 이는 정치적으로 이득이 없다.

그래서 손쉽게 복지 재원을 늘릴 수 있는 방법이 국채 발행을 늘려 필요한 재정을 확보 하는 것이다. 국채 발행물량이 늘면 확정 부이자를 지급해야하는 채권의 특성상, 정부는 재정적자를 최소화하기 위해서 발행금리를 낮추는 정책을 쓸 것이다. 미국, 일본이 다 밟아갔던 과정이다. 정부가 한국은행의 기준금리에 직, 간접으로 영향력을 행사하는 것도 경기부양의 효과를 위해서라는 이유가 있지만, 금리를 낮춤으로써 정부가 지불해야만 하는 국채 발행 이자를 줄여 재정의 건전성을 확보하기 위한 이유도 크다.

지금도 그렇지만 앞으로도 금리는 오르기 가 어렵다. 정권이 바뀌더라도 내수경기의 진작, 재정적자의 축소라는 정부의 정책기조는 쉽게 변할 리가 없기 때문이다.

그렇다면 우리의 자산관리는 저금리를 상수로 해서 전략을 짤 수밖에 선택의 여지가 없다. 저금리 하에서 은행권 상품은 맛이 가도 한참 갔다. 다른 대안을 찾아 나서야만 한다. 그래서 채권을 얘기하고, 독신자가구를 대상으로 하는 임대주택인 스튜디오 주택에 대해서 거창하게 말을 하는 것이다. 현재 투자 상품 중에서 안정성과 수익성의 두 마리 토끼를 안겨주는 투자 상품은 이 두 가지 밖에는 없다. 그것이 우리가 안고 있는 문제이면서 또한 기회가 되는 것이다.

투자에는 모든 것이 확실할 수 없다. 그러나 현재 그 가능성이 가장 큰 것이 소위 말하는 스튜디오 주택이다. 사회적으로 독신가구가 급증하고, 전세가 폭등으로 그 대체 주거공간을 스튜디오 주택에서 찾으려는 수요가 크게 늘고 있다.

이 흐름이 앞으로 계속 될 것이라고 장담 할 수는 없다. 하지만 분명한 것은 실질소득을 늘려주어 노후에 효자노릇을 하는 투자 상품, 당장 여유자금을 투자해 생활비를 마련해야 하는 퇴직자, 계속해서 가처분소득이 증가해야하는 4050세대들에게 과연 스튜디오 주택만큼 확실한 투자 상품이 있을까. 있다면 답을 말해 달라. 주식 애기는 하지 말고.

지금의 사회·경제적 흐름은 우리에게 새로운 투자 상품에 집중하라고 말하고 있다. 참고적으로 한마디 덧붙인다면 이제 부동산은 과거의 잣대로 평가해서는 안 된 다.

무슨 수로 이 복잡한 경제흐름을 다섯가지로 추려 말을 할 수 있다는 말인가. 현실적으로 무리다. 그러나 투자와 연관 지어 다섯 가지를 말한다면 불가능한 것도 아니다.

투자와 관련지어 성공법칙에 해당하는 5가지 포인트를 알아보자.

첫째, 인구변동이 투자에 미치는 영향을 분석해야 한다.

부동산 버블이 붕괴되면서 부동산 시장의 행방은 블랙홀이 되어 버렸다. 그러나 시간이 지나면서 새로운 질서가 잡히는 것을 감지할 수가 있다. 이른 바 부동산 시장에서 부는 디 커플링 현상이다. 현재 부동산시장은 되는 것과 안 되는 것과의 경계가 뚜렷해지고 있다.

이른바 디 커플링 현상이 그것이다. 부동산 시장에서의 디 커플링 현상은 부동산 시장내에서의 수요 공급, 니즈의 변화 등의 내부적 변동 요인 보다 외부적 요인에 크게 영향 받고 있다.

바로 인구변동이 부동산 시장에 미치는 영향이다. 최근에 독신 가구를 대상으로 하는 임대주택, 소형아파트가 인기 있는 이유는 이러한 주택이 주거에 대한 편리성, 쾌적성 때문이 아니라 독신가구가 근래에 급증 하였고 따라서 이들 주택을 찾는 사람이 급증한 것에 의한 것이다. 이들 주택은 최근에 대규모의 공급이 이뤄져 왔음에도 견 조 한 가격 세를 유지하고 있다. 그 만큼 공급량에 비해 수요가 급증하는 것 때문이다. 즉 최근 한국형 스튜디오 주택인 오피스텔, 원룸 등이 과거의 시각에서는 공급과잉을 우려할 정도로 과 공급 되었음에도 수익성에는 큰 변화가 없는 것은, 계층 간 인구이동 중 독신가구의 비약적 증가에 있음을 부인할 수 없다.

둘째. 저성장 경제가 몰고 온 변화

오피스텔, 원룸 시장에서 강남은 경제성이 없다고 말 한다. 투자금 대비 수익률이 영 신통치 않기 때문이다. 실제 오피스텔의 수익율은 서울·수도권 변두리 지역으로 평가되는 은평구, 시흥, 안산시의 소형 오피스텔 단지들이 투자 금 대비 수익률이 가장 높다.

대표적 스튜디오 주택인 오피스텔, 원룸은 1인 독신가구의 급증 전세가 급등의 원인으로 뜨고 있는 것은 맞다. 그러나 이들 주택의 주 수요층은 독신서민 그중에서도 연간 소득이 도시가구의 평균소득에도 크게 못 미치는 사람이 주축이다.

이들의 소득 대비 지출 내역에서 소득의 50% 이상을 월세로 내는 것은 무리다. 그래서 월세 50만원이 넘어가면 수요층이 점차 감소한다. 강남의 역삼동, 삼성동, 논현동은 상대적으로 고소득층이 많고, 유흥업 종사자들이 국내에서 가장 많이 몰려있는 지역으로 100만 원 이상의 월세에도 수요층이 튼튼하지만, 마포, 신촌 지역을 벗어나면 60만 원이 넘는 월세를 감당할 수 있는 수요층이 많지 않다.

오피스텔의 경우 매매가가 $3.3m^2$ 당 500~700만 원 정도여야 경제성이 있다. 그러나 강남, 마포, 여의도 지역의 신규공급 오피스텔 분양가가 $3.3m^2$ 당 1,000만 원을 훌쩍 넘는다. 평당 매매가가 1000만 원을 넘어서는 곳에서 투자 금 대비 세금 공제한 실질 수익률이 5% 이상 넘기기는 현실적으로 불가능 하다. 그래서 오피스텔은 소형 저가시장이 경제성이 있다.

최근의 경제위기에도 홈쇼핑, 교육, 게임 등 인터넷업체의 주가가 건재한 것은 개인의 가처분소득이 줄면서 외출은 자제하고 방안에서 뭐든지 해결하려는 경향이 크기 때문이다. 또 서민들이 가장 선호하는 대표 음식인 자장면의 가격 파괴가 거의 모든 지역에서 일어나고 있다. 소득이 줄면 품질보다는 가격에 민감하게 되는 것이 일반적 소비 패턴이다. 오피스텔, 원룸 시장이라고 크게 다르지 않다.

중대형아파트가 다시 과거의 영광을 재연하기는 어렵다. 이것은 단지 수요·공급의 문제가 아니다. 불황기의 중·대형아파트는 "고정비 덩어리"라 할 정도로 금융비용 이외에도 관리비용이 가계에 적잖이 부담되기 때문이다. 그래서 상대적으로 관리비용이 적은 소형주택의 인기는 계속된다.

계층 간 소득의 양극화 영향으로 이제 한국에서는 어느 곳이든 럭셔리 시장과 초저가 시장만이 존재하게 된다. 소득에 가장 민감한 의류, 가방 시장도 강남의 갤러리아 명품관에는 고객으로 넘쳐난다. 반면 시장상품 이라고 하는 저가시장도 성황을 이루고 있다. 재래시장 어디를 가나 파격 가격 할인표가 붙지 않은 곳이 없다. 중저가브랜드는 신제품을 출시하자마자 대규모 할인행사를 벌인다. 아웃도어시장이 커지면서 의류 한 벌에 수십만 원 하는 노스페이스 같은 고가 의류도 잘 팔린다.

1~3만 원대의 아웃도어 시장도 성황이다. 음식점도 점심 한 끼에 만원은 줘야 먹는다고 하지만 서울 시내 어디를 가도 점심 한 끼에 4~5천 원인 음식점도 많다. 우리 동네 선지 해장국집과 자장면은 3,500원이다. 퀄 리 티 는 떨어질지 모르지만 점심 때마다 줄을 선다. 그만큼 불황에는 주머니가 가벼운 사람이 많다는 것이다.

오피스텔 시장도 그렇다. 럭셔리의 대명사 격인 강남 구 오피스텔도 있지만 임대가가 30~40만 원 대인 소형 오피스텔도 많고 실제 이곳에 둥지를 틀고 살아가는 도시서민들이 더 많다. 중간지대가 없는 양극단만 존재하는 시장, 이것이 우리 시대의 자화상이고 우리의 현실이다.

셋째, 수도권 집중 현상은 도를 넘어서고 있다.

부동산 시장의 전체적 가격 붕괴가 현실화 되었다. 그런데 부산, 대전 등 지방에서 미분양 물건이 빠르게 해소되고 신규분양도 청약률이 높다. 이를 보고 부동산 경기가 지방부터 서서히 달아오르는 것 아니냐는 시각이 있다. 이는 부동산 버블 기에 수도권에 비해 지독히 저평가된 지방 부동산이 침체기를 틈타 그 간극을 줄이는 것이지 대세상승과는 거리가 있다.

노무현 정부의 국토 균형개발의 희망이 무참히 깨지면서 지방 부동산 시장은 사실상 희망이 사라졌다.

천안만 벗어나도 내수경기가 얼마나 침체되어 있는지를 알 수 있다. KTX를 이용하면 한 시간 내에 서울 역에 도착하는 그야말로 KTX로 인해 수도권과 공간적 거리가 매우 단축된 대전광역시만 가도 그 느낌이 확실히 다가온다.

대전은 도시 인구에 비해 대구 다음으로 대학생이 많은 곳이다. 국립인 충남 대, 카이스트, 한밭대를 빼고, 대전 도시 내에 있는 종합대학들인, 한남대, 대전대, 배재대, 우송대, 목원대 등 대학가는 어디든 어김없이 원룸촌이 형성돼 있다. 이곳의 임대 가는 20~30m² 가 평균 보증금 200~500만 원, 월세는 20~40만 원 수준이다. 집값이 아무리 싸다해도 이 정도 임대조건으로는 투자금 대비 5~6%노 수익률을 올리기가 어렵다.

대구권에서 경산시에는 영남대, 대구대, 대구가톨릭대 주변으로 대규모 원룸 촌이 형성돼 있다. 그러나 임대조건은 대전과 다르지 않다. 투자금과 임대수익률이 반비례의 단계를 형성해야 수익률이 올라가는 임대부동산의 특성을 고려할 때, 투자 금 대비 수익률의 한계가 있는 곳이 지방대학가다. 물론 오피스텔의 경우는 다르다. 33m²당 분양가가 수도권에 비해 낮은 반면 임대조건은 수도권 B급 지와 비슷하기 때문이다.

전주 전북대, 광주 전남대 대학가도 대전권보다 나을 것이 없다. 지방에서 수도권 이상 가는 황금 상권은 부산시 대연동 대학가 정도다. 이 지역은 오피스텔, 원룸 임대조건이 수도권 B급지 보다 높다. 대연 동은 경성대, 부경대가 지역 내에 있고, 부산의 1급 상업지인 서면과 근거리에 있어 잠재 수요가 전국적으로 따져도 최고 수준이다.

해운대의 달맞이 고개 넘어가는 곳 아래에 자리 잡고 있는 해운대 오피스텔 단지도 유흥업 종사자, 직장인 중심으로 풍부한 수요층을 형성하고 있다. 부산 역시 대연동과 이곳을 빼면 스튜디오 주택의 임대 가는 전반적으로 낮게 형성하고 있다. 물론 부산은 핵심지역을 제외하고 투자금액이 수도권과 비교해 낮다.

지방 권에서는 산업 클 러 스 트 조성이 잘 되어있는 진해, 창원, 거제지역이 스튜디오 주택의 매매가 대비 임대 가에서 가장 높은 가격대를 형성하고 있다.

예전부터 서울, 경기 수도권 부동산은 지역을 불문하고 전국구 부동산으로 불려왔다. 수도권에서는 가장 낙후된 지역으로 평가되는 경기 서남권의 안산, 시흥, 동북권의 양주, 동두천, 의정부, 남양주의 호평, 평 내 지구 아파트 시세가 주요 광역시 아파트 평균매매가 보다 높다.

아파트만 해당되는 것이 아니다 . 1인 독신가구를 위한 스튜디오 주택에 있어서도 수도권은 지역 불문하고 지방 권 에 비해 임대 수요가 풍부하다. 이것은 모두 수도권 집중 현상 때문이다. 지방에서 대학을 졸업해도 지역 내에서는 일자리를 찾지 못해, 수도권으로 올라오는 청년 인구가 계속 증가하고 있다. 이렇듯 수도권 집중 현상이 해소되지 않는 한 수도권과 지방과의 격차는 절대 좁혀 질 수가 없다.

넷째, 저금리를 넘어 제로금리 시대로

금리를 결정하는 요인은 많다. 환율, 물가, 거시 경제 지표, 경제 주체들의 위험가중치 등 등. 금리를 결정하는 주요 항목들로 분석 했을 때 한국은행의 기준 금리는 올라야 정상이다.

한국은행이 존재하는 가장 중요한 임무가 물가통제이다. 현재 물가는 가파르게 상승하고 있다. 금리를 인상해야 한다. 그러나 한 국은행은 기준금리를 계속 보수적으로 운영하고 있다.

한국은행이 이처럼 보수적인 금리정책을 계속하는 것에는 분명 한 이유가 있을 것이다.

한국 금융시장은 1990년대 중반 금융 자유화가 되면서 만성적인 자금 과부족 시장에서 겨우 벗어나기 시작했다.

금융자유화 이전까지는 금융회사가 직접 외환시장에서 자금을 조달하는 일은 상상도 할 수 없었다. 시중 통화량도 정부가 엄격히 통제했다. 그 당시에 정부는 금융회사의 예·적금 대출금리까지 일 일이 간섭했다. 지금은 믿기 어려운 일이지만 은행 정기예금은 어 느 은행을 가도 똑같았다.

앞서 말한 대로 당시는 만성적인 자금 과부족 시장이었다. 항상 자금이 부족했다. 이런 수요와 공급의 불일치로 예금금리는 매우 높았다. 이 시기에는 재테크라는 말조차 없었다. 정기예금 3년 복리 수익률이 50%가 넘는 상황에서 굳이 다른 수단이 필요하지 않았다.

재테크란 말이 생겨난 때는 한국 금융시장이 금융 자유화 이후 저금리 시대로 돌입하면서부터다.

90년대 후반 이후 최근까지 몇 차례의 금융위기로 단기간에 금리가 급등한 적은 있어도 저금리 흐름은 계속 이어져 왔다.

투자를 하는데 있어서 금리만큼 중요한 요소는 없다. 주식투자에서도 정말 큰 장은 금융장세라고 말한다. 이는 저금리로 시중 유동성이 주식에 집중돼 주가가 상승하는 장이 소위 기업의 실적에 기초하는 펀 더 멘 탈 장세보다 주가 상승이 강하다는 얘기다. 채권은 "금리만 보고 투자한다"라는 말이 있을 정도로 금리가 수익에 결정적으로 영향을 미친다.

앞으로 금리가 제로금리 시대로 전환되면 확정이율 상품인 예·적금의 경제성은 사라진다. 최근 한국증시가 기업의 실적과 무관하게 한국 증시 역사상 유래를 찾기 힘든 장기간 상승랠리가 지속되는 것은 금리의 흐름과 밀접한 관계가 있다.

주식투자는 안전자산으로 분류되는 채권, 정기예금과 비교해 고위험 투자 상품이다.

안전자산을 선호하는 사람에게는 제로금리 시대가 오는 것은 끔찍한 일이다. 실질 수익률을 올리기 위해 어쩔 수 없이 주식시장을 기웃거리지 않을 수 없기 때문이다.

이렇듯 금리 변동이 투자에 미치는 영향력은 거의 절대적이다.

앞으로 투자는 사회적 변화에 크게 영향 받는다.

중대형 아파트의 몰락에도 사회적 변화가 있었다.

현재 국내 독신가구가 전체 22%다. 선진국 수준인 40%까지 올라간다. 이로 인해 독신이 주로 거주하는 소형 아파트, 주거 형 오피스텔, 원룸이 부동산 불황기에도 임대 가와 임대회전율이 고공행진을 하고 있다.

국내 금리는 물가 상승률을 감안할 때 이미 제로금리 시대다.

그럼에도 금리는 더 떨어진다는 예측이 설득력 있게 받아들여지는 이유가 복지수요의 확대로 정부재정이 악화되고 있고, 앞으로 더 나빠진다는데 있다. 복지수요에 대한 재정을 세금에만 의지하면 국민의 저항이 만만치 않다. 그렇다고 안 할 수도 없고 가장 손쉬운 방법이 국채를 발행하는 방법이다. 최근 몇 년간 국채발행이 크게 증가하는 것을 주의 깊게 봐야 한다.

일본이 사실상 표면금리 제로 시대로 접어든지 꽤 됐다.

재정적자를 경감시키기 위해 국채발행 금리를 낮춘 것이 큰 영향을 미쳤다. 우리가 보통 시장 실세 금리지표를, 국고채 유통 수익률을 기준으로 한다. 따라서 정부가 국공채 발행금리를 낮추면 자동적으로 시장금리는 낮아지게 된다.

시중자금의 최대 수요처인 대기업은 자금이 궁하지 않다. 오히려 쌓아두고 있다. 기업이 자금을 쓰지 않으니 금융회사들이 가계대출에 영업을 집중하고 있다.

한국은행이 금리 인상요인이 명확한데도 기준금리를 못 올리는데는 복합적인 경제 함수가 숨어있다.

금리가 일정한 박스 권에 오르내리는 금리 사이클이 희미해지고 있다. 한국금융시장이 저금리에서 제로금리 시대로 전환되고 있기 때문이다.

다섯 째, 금융위기가 상수(常數)가 된 시대

개인이 재정관리를 잘 하기 위해서는 세계 금융시장을 움직이고 있는 금융시스템에 대한 이해를 하고 있어야 한다. 미국 월가가 기침만 해도 한국경제는 감기에 걸린다는 말이 단지 수사적 표현으로 그치고 있는 것이 아니다. 실제로 미국증시 동향은 다음날 국내증시 주가에 큰 영향력을 미치고 있다.

2008년 9월 14일 리먼 브라 더 스 파산으로 시작된 서브 프 라임 모기지론 사태가 불러온 금융위기는 국내 금융시장을 초토화시켰다고 표현해도 과하지 않을 정도로 주가는 폭락했고 회사채금리는 치솟았다. 금융위기의 공포에도 두려워하지 않고 금융위기를 투자의 기회로 이용한 사람들은 아마 살면서 흔치않은, 대박 수익률을 올렸을 것이다.

그러나 금융위기에 투자 금을 늘려 투자할 강심장의 투자자는 거의 없다. 대부분은 공포에 질려 투매하기 바빴을 것이다.

앞으로도 금융위기는 계속 될 것이고 주기도 짧아졌기 때문에 금융위기를 대응하는 방식으로 바꾸어야 한다.

금융위기의 패턴이 과거와는 많이 달라졌다. 과거의 금융위기는 대체적으로 한정적 지역으로 제한됐지만 최근에는 금융위기가 어디서 발생했건 이에 영향 받지 않은 나라가 없다.

왜 이런 현상이 발생하는지 생각해 보지 않을 수 없다.

금융위기가 지원지가 어디든 간에 글로벌화 되는 이유는 다음과 같다.

첫째, 자본의 경계가 사라지고 이동이 자유로워지면서 금융위기는 도미노 식으로 확장되는 경향이 커졌다.

유로존 국가의 재정위기는 대서양의 섬나라 아일랜드, 아이슬란드에서 시작돼, 남부유럽의 스페인, 포르투갈, 그리스까지 강타했다.

하나의 유럽을 지향하는 유로 존 체제에서 이들 국가의 재정위기는 전체 유로존 국가에까지 영향을 미칠 수밖에 없다.

둘째, 펀드자본주의 속성을 이해하면 왜 금융위기가 상존하는 위험이 되는지를 알 수 있다.

펀드자본은 100조 달러에 이르는 세계 총 통화량의 98%를 차지하고 있다. 펀드자본은 그 속성상 위험을 최대치로 높여야만 이익이 극대화 되는 구조다.

펀드는 일반 투자자, 연기금을 운영하는 기관 투자자의 자본에 의해서 만들어진다. 그러나 펀드를 운영하는 주체는 투자은행의 임직원이다.

이들에게 있어서 고 위험 파생상품은 높은 성과 금을 받을 수 있는 합법적 수단이다. 이들에게 있어서 투자는 주주, 투자자를 위한 것이 아니고 자신들에게 이익이 되는 투자를 우선적으로 한다.

금융위기의 주범인 펀드회사의 임직원들은 선량한 납세자, 주주에게 큰 손실을 끼쳤지만, 그들은 아무런 책임도 지지 않고 오히려 거액의 인센티브를 받고 유유히 사라졌다. 금융위기 이후 막대한 공적자금이 투입돼 금융위기의 주범인 투자은행들은 다시 살아났지만 이들의 과거형태는 조금도 변하지 않았다. 펀드자본을 규제하고 통제하지 않는 한, 금융위기는 막을 수가 없다.

국내시장에서 펀드자본은 계속 성장 중이다.

실질금리 제로의 시대, 부동산의 몰락으로 그 대체 투자수단으로 펀드수요가 증가하고 있다. 펀드는 기본적으로 불공정한 상품이다. 원금손실은 투자자의 몫이다. 펀드회사는 원금손실이 나건 말건 수수료만 챙기면 된다. 세상에 이런 손쉬운 장사가 어디 있는가.

펀드회사는 시장과 위험을 공유하지 않기 때문에 그들은 그들의 이익이 있는 곳이라면 투자자를 위험에 빠트리는 것도 두려워하지 않는다.

펀드자본주의 하에서 금융 위기는 상수가 된다.

그러나 아이러니하게도 펀드자본이 만든 금융위기 상황이 투자자에게 반드시 나쁜 것만은 아니다. 금융위기는 필연적으로 자산 디플레이션을 가져오기 때문에, 금융위기는 우량주식 채권을 싸게 살 수 있는 기회가 되기도 하기 때문이다.

미래의 부동산 가격이 시장내부의 수요·공급 논리에 의해 결정되지 않는다. 정부의 금리정책, 시장의 유동성, 인구의 변동, 주택시장에 대한 수요층의 니즈변화 등 복잡한 이해관계에 의해서 결정된다.

03 그럼에도 국민연금에 가입해야 하는 이유

  서민·중산층이 부동산에 관심을 갖는 것은, 쾌적한 주거공간의 확보, 부동산 투자로 발생하는 자본이득 때문일 것이다. 그러나 장기적 관점에서 보면 부동산은 어쨌거나 앞으로 닥칠 노후생활의 안전망 역할을 하는 수단이 되기 때문이다. 그래서 한 때 부동산은 사는 곳(living)이 아니라 사는 것(Buying)이라는 투자 쪽에 가치 중심을 두었다.

  우리나라도 선진 복지국가들처럼 공적연금으로 현역시절 대비약 80%의 연금을 노후에 받는다면, 우리도 그들처럼 카리브 해의 호화 유람선을 타고 인생의 끝자락에서 마음껏 행복을 영위하는 것이 가능 해진다. 그러나 우리의 현실에서 이렇게 경제적으로 부족하지 않을 만큼 연금을 수령하는 사람은 소위 특수직 연금을 받는 공무원, 군인, 교사 들 뿐이다.

현재 군대에서 대령으로 전역하는 사람들은 월평균으로 330만 원의 연금을 받는다. 퇴역군인들이 받은 군인연금은 1인당 월 평균 240만 530원이었다. 반면 국민연금 수령자들은 소득 대체율은 겨우 20%에도 못 미치는 16%에 불과했다. 만약 월소득이 300만 원이면 국민연금으로 받는 돈이 48만 원이라는 소리다. 문제는 국민연금을 40년을 부어도 소득 대체 율은 특수직 연금의 겨우 절반이 넘어서는 40%라는 점이다. 그런데 보통 국민연금 가입자의 연금 수령 기에 가서의 연금 가입기간이 20년인 점을 감안하면 소득 대체 율은 뚝 떨어져 20%밖에 되지 않는다.

자, 여기에다가 또 다른 문제가 있다. 국민연금은 준조세 성격의 강제 보험임에도 그 운용손실을 국가가 보존해주지 않는다는 점이다. 그런 측면에서 민간에서 운용하는 펀드와 다를 것이 없다. 그러나 특수직 연금의 경우 그 운용손실을 국가가 국민의 세금으로 전액 보전해준다는 사실이다.

2001년에서 2012년까지 12년 동안 공무원 연금의 누적 적자는 12조 2265억 원이었다. 이를 모두 국민의 세금으로 보존해줬다. 2013년에는 더 늘어난 연금 손실액이 1조 9982억 원이었고, 군인연금 적자액은 1조 3671억 원이었다.

이 역시 그 손실액을 세금으로 메워줬다.

특수직 연금은 국민연금과 비교해서 조금내고 그 몇 배를 더 받고 있는 것이 작금의 현실이다. 이렇게 가다보면 2021년에 가서는 공무원 연금의 누적 적자액을 메우기 위해 들어가는 세금이 7조원을 넘어설 예정이라고 한다.

우리는 개인의 노후 생활 자금 마련에서 국민연금이 얼마나 중요한 것인가를 잘 알고 있다. 그러나 현실은 완전히 국민은 봉이고 국민을 위해 봉사하는 자들만 국민의 돈으로 그들의 뱃 속을 채워 주는 형국이다. 그래서 현재 국민연금과 비교해 너무나 많은 혜택이 주어지는 특수직 연금을 개혁하지 않으면 안 된다고 사람들은 말한다. 그러나 이는 문제의 본질에서 벗어나는 것이다.

특수직 연금 수급자의 소득 대체 율을 줄일 것이 아니라, 특수직 연금과 국민연금을 통합해 사회복지의 일환으로서 공적연금을 부할 시키는 것이 문제 해결의 본질이다.

이 책을 보는 독자 중에서도 특수직 연금을 받는 사람이 많을 것이다. 나는 이 문제가 어느 개인의 문제가 아니라고 생각한다.

인간은 태생적으로 균형을 추구하는 존재다. 따라서 어느 일방이 부를 독식하는 구조는 결국 소외된 자들의 분노를 일으켜 사회가 물리적인 힘으로 변 할 수밖에 없다. 그 와중에서의 혼란은 걷잡을 수 없게 된다. 결국 가진 자들이 조금씩 양보하는 것은 우리 공동체의 건강성을 회복하기 위해서 반드시 필요한 부분이다. 이런 측면을 감안하여 특수직 연금과 국민연금을 통합해 공적연금으로 자리매김하여 우리 국민 모두가 합당한 대우를 받는 방향으로 개혁되어야 한다.

우리의 행복한 노후는 어느 개인의 문제를 떠나 우리 공동체 모두를 위한 것이어야 한다.

현재 우리나라 65세 이상 인구의 절반이 상대적 빈곤상태에서 살아가고 있다. 이 수치는 OECD국가 평균 13%의 거의 4배에 이르는 것이다. 경제활동 인구 중에서 그나마 국민연금에 가입하고 있는 사람의 비율도 40% 밖에 되지 않는다. 이런 처지에 있는 사람과 비교해 특수직 연금을 수령하는 사람들은 같은 대한민국 하늘에 산다 해도, 다른 세상을 사는 사람이나 마찬 가지다. 문제는 정부가 이를 악용하여 모든 문제의 원인이 특수직 연금의 상대적으로 높은 수급률에 있다고 이를 호도하는 것이다. 정부는 국민간의 갈등을 야기 시키는 일은 중지하고 국민연금을 공적연금으로 전환해 수급률을 높이는 방법을 적극적으로 모색하는 것이 우선해서 할 일이다.

인구는 줄고, 내수경제는 침체국면이라고 하는데, 상가, 빌딩, 임대주택에 투자하는 사람들의 행렬은 오히려 증가하고 있다. 이 현상은 우리나라의 빈약한 노후복지로 인해서 월세를 받아 내 노후생활을 내가 하겠다는 수요층이 증가한 것에 상당부분 이유가 있을 것이다.

마침 초저금리 시대가 지속되면서 은행권에 목돈을 투자해서 매달 이자를 받는 단리식 예금보다 수익성 부동산에 투자해 월세를 받는 것이 훨씬 낫기 때문인 것도 있다.

어떻게 하는 것이 정답인지는 모르겠다. 그러나 국가통합의 가치를 우선한다면 만인이 그 혜택을 공유하는 국민연금 개혁이 우선되어야 한다고 믿고 싶다.

04 부동산은 끝났다고
누가 그래 ?

　부동산의 가격에는 금리, 유동성, 경제사회적 변화 등 다양한 요인이 크게 영향을 미치기 때문에 보여지는 현상만으로 미래시장을 예상하는 것은 어려운 주제다. 장기간에 걸친 불황으로 부동산은 이제 끝났다고 했지만, 현재 보여지는 시장의 모습은 이 말이 무색하게 반전의 연속이다.

　부동산은 꼭 투기목적으로 사지 않아도 집 한번 사고파는 것만으로 이 땅의 서민 중산층에게 평생 만져도 못 보는 불로소득을 안겨준 효자상품이다. 우리나라 가계의 자산구조는 많게는 80%에서 90%가 부동산이다. 말이 부동산이지 거의 주택이다.

　평균 주택가격이 10억 원이 넘는 강남 주민들도 현금자산은 수천만 원에 불과하다고 할 정도로, 개인의 자산에서 부동산이 차지하는 비중이 기형적으로 크다.

이는 의도적으로 부동산에 목돈을 투자해 얻은 결과물이 아니다.

분양 당시에는 평당 4~5백만 원도 안하던 아파트가 5년이 지나고 10년이 지나면 적게는 2배 많게는 4~5배 오르면서 자연스럽게 개인 자산에서 부동산이 차지하는 비중이 높아지게 된 것이다.

강남부동산의 랜드 마크라고 하는 타워 팰 리스도 1998년 분양 당시에는 분양가가 평당 900만 원 이었다. 그마저도 미분양이었던 사실을 기억하고 있는 사람은 별로 없을 것이다.

이것이 5년이 지나고 10년이 되면서 평형에 따라 다르기는 하지만 4~5배나 오른 것이다. 90년대 초 입주가 시작된 1기 신도시도 마찬가지 과정을 거쳤다. 아파트를 분양받기만 하면 나 홀로 단지나 정말 하자 있는 물건이 아니고서야 2~3배 이상 오르지 않는 것이 이상한 일이 될 정도로 핵심권의 분양 아파트는 로또나 다름없었다.

결과적으로 한국에서의 개인의 가처분 소득은 누가 어느 시점에 어느 아파트를 샀느냐에 따라서 달라져왔다. 부동산 버블이 꺼져가는 2007년 이후 중대형 아파트에 투자한 사람은 분양가 대비 아파트 가격은 떨어지고 금융비용은 증가하는 이중고를 당하고 있다.

과거의 패턴대로 기다리면 오르려나 하는 기대를 갖는 사람도 많을 것이다. 하지만 부동산 시장이 과거의 패턴으로 회귀하는 일은 불행히도 없을 것 같다.

이는 주거문화의 형태가 패러다임으로 표현 될 정도로 빠르게 변화하고 있는데 원인이 있다.

최근 벌어지고 있는 부동산 시장의 흐름을 이해하고 있다면 고정비 덩어리에 불과한 중대형 아파트(핵심 권은 예외)는 빨리 털수록 그마나 손해를 줄일 수 있다.

왜 부동산 시장이 패러다임 운운할 정도로 변화되었는가에 대해서는 앞서 언급했듯이 독신가구가 일반적 예상을 뛰어넘어 가파르게 증가한 것에 1차적 원인이 있다.

독신가구의 증가가 어떻게 시장의 흐름을 바꾸어 왔는지에 대한 시그널은 수년전에부터 있어 왔지만, 우리는 항상 우리가 보고 싶은 것만을 봐왔기 때문에 그 흐름이 눈에 들어오지 않았을 뿐이다.

1기 신도시의 일산, 분당에서는 7~8년 전부터 주거형 오피스텔이 이 지역의 소형 아파트보다 더 많이 공급돼왔다. 단기간의 과 공급은 가격을 떨어트리는 것이 경제상식이다. 그러나 이 지역의 오피스텔은 부동산 붕괴 운운하는 시점에서 오히려 임대 가는 오르고 임대회전율은 100%에 가깝다. 놀라운 현상 아닌가. 그래서 패러다임이라고 표현하는 것이다.

수익성 부동산 시장에서 이제 돈 되는 것은 한국형 스튜디오 주택으로 불리는 원룸, 오피스텔 밖에 없다는 말이 결코 과장이 아니다. 정부가 내수경기 진작을 위해 빚내서 투자를 원하는 시기도 지나갔다. 가계빚이 1,224조 원에 이르면서 정부는 빚을 권하는 것으로부터 이제 발을 빼고 있다. 강남의 재건축단지, 핵심권에 분양된 주요 아파트 단지들이 가격이 많이 올랐지만, 이곳들은 외부적 상황과 무관하게 가격이 오를 수 밖에 없는 곳이다. 이것만보고 전체 부동산 시장의 가격이 오르고 있다고 생각하는 것은 착각이다.

버려야 할 통장과 버리지 말아야 할 통장

금융상품 정보는 기회비용 측면에서 당신의 전체적인 포트폴리오 운용을 위해 제공하는 것이다. 당신의 장롱 속에 있는 통장을 다 꺼내 방바닥에 펼쳐보아라. 대략적으로 아래에 열거하는 통장이 거의 대부분 일 것이다.

- 정기예금통장
- 적금통장
- 개인연금통장
- CMA계좌
- 변액보험
- 펀드
- 종금사 실세 금리형 상품
- CI 관련 보험

• 채권통장

이것이 당신이 가지고 있는 거의 모든 통장에 해당될 것이다. 계정은 같으나 회사마다 상품명을 달리쓰기에 통장 이름이 복잡해 보이지만 기본 내용은 똑같다. 자, 그렇다면 지금부터 이들 상품의 경제성이 어떠한지를 알아보자.

정기예금

정기예금은 가입시점의 금리가 만기까지 보장되는 대표적 확정금리상품이다. 목돈을 예치하고 매월 이자를 지급받을 수 있고 만기에 일시에 찾을 수도 있다. 이때 매월이자를 지급받는 것을 단리식이라고 하고 후자를 복리식이라고 한다. 이들의 차이는 금리계산에 있다. 즉, 단리 식은 표면금리가 적용되기 때문에 이자체중효과가 없다. 그러나 복리 식은 매월금리가 체중되기 때문에 만기에 받게 되는 실질금리는 표면금리보다 높다.

정기예금은 예금보험공사에서 원리금(원금+이자) 5,000만 원까지 예금자보장을 하기 때문에 금융회사가 파산 돼도 원리금지급시기가 늦춰질 수는 있으나 원리금을 지급받을 수 있다.

연이어 터진 저축은행 파산에도 불구하고 원리금 5,000만 원까지는 보장된다. 그러나 후순위 채권은 예금자 보장상품이 아님으로 예금자는 잔여자산 청구권만을 갖는다. 저축은행에서 판매됐던 후순위채권은 통장으로 관리되고 이표 채(30~90일마다 이자 지급하는 채권) 매월이자를 수령하기에 정기예금과 같은 상품으로 생각하고 투자해 피해자가 양산됐다. 마음 아픈 일이다. 하지만 이 사람들을 구제할 방법이 없다.

후순위채권은 BIS자기자본비율을 맞추기 위해 급급한 저축은행이 6월 결산을 앞두고 대량으로 발행되었다. 후순위채권은 정기예금처럼 확정금리를 지급하고 정기예금보다 2~3% 이상 높으니 탐이 날만하다. 소탐대실이 바로 이런 경우다.

정기예금 판매회사는 은행, 저축은행만 있는 것이 아니다. 소위 서민금융기관이라 부르는 신협(신용협동조합), 새마을금고, 단위농협(지역농협이라 부른다. 단위농협이 출자해 만든 농협중앙회는 1금융(은행)으로 분류되어 예금자보험공사의 원리금보장이 된다)에서도 판매한다. 이들 금융회사의 정기예금이 은행, 저축은행과 다른 점은 예금보호기관이 예금보호공사가 아니라, 각각의 중앙회에서 예금보호를 한다는 점과 이들 금융회사의 예·적금 합계액은 3,000만 원까지 실질적 비과세(농 특세 1.4%)되기 때문에 은행정기예금과 비교해 표면금리가 같아도 16.5%의 금리 인상 효과가 있다.

따라서 안정성에서 동일하다면 3,000만 원 이하의 정기예금, 서민금융회사라고 하는 신협, 새마을금고, 단위농협에서 하는 것이 유리하다.

이제부터 정기예금이 과연 경제성이 있는 투자 상품인가를 알아보자. 경제성이라고 할 때 그 경제성이 합당한 가치를 갖기 위해서는 물가상승률+α금리 이상의 수익률이 보장되어야 한다. 그러나 현재 물가상승률과 비교해 정기예금 금리는 2금융권을 포함해 세후금리가 1%대다(이자소득에 대한 15.4% 과세한 실질금리기준). 그럼에도

157

이 정도의 금리를 주는 금융상품이 없다는 것이 예금자들이 은행문턱을 드나드는 것이다. 특히 금융 불안에 은행권에 대한 정기예금이 늘고 있다. 믿을 만하고 확실한 대안이 있다면 이런 선택을 하지 않을 것이다.

적금통장

적금통장은 이것이 확정금리 형이든 신탁형이든 보험사 저축상품이든 세후 수익률이 정기예금보다 낮다. 특히 보험사 저축상품은 특약을 붙이기에 따라 다르다. 가입 후 5년이 지나야 원금에 이른다. 소액을 투자해 목돈을 만드는 적금상품의 가치에도 맞지 않고 금리는 터무니없이 낮다. 보험사가 말하는 예정이율이라는 것은 사업비, 설계사 수당을 고려하지 않은 그야말로 그들만의 금리다.

당신이 보험사 저축상품에 가입하고 있다면 그것이 아무리 소액이라도 설계사로 일하는 지인의 강권에 의한 가입이라도 빠른 시간에 해지하는 것이 장기적으로 손해를 줄이는 일이다. 적립식펀드 바람이 불면서 적립식 펀드를 적금상품으로 잘못 알고 있는 사람이 많다. 그러나 적립식 펀드는 주식형 펀드 중에서도 주식 편입 비중이 높은 주식 성장 형 펀드다. 변동성이 적금과 비교할 수 없다. 적립식 펀드는 수수료가 가장 높은 펀드 중 하나다. 적립식 펀드에 투자하느니 삼성전자, 현대자동차 같은 우량종목에 매월 일정한 금액으로 이들 주식을 사는 게 낫다고 생각하지 않는가.

결론적으로 적금상품의 목적은 금리보다는 매월 소액으로 목돈을 만드는데 있다. 이러한 적금통장의 가치에 맞고 그나마 금리 경쟁력이 있는 것이 "자유적립예금"이다. 매월 일정금액을 저축한다는 점에서 적금과 같으나 매월 불입하는 금액이 건건이 예금으로 예치하는 것으로 일반 적금상품과 표면금리가 같더라도 복리로 금리가 체증되어 만기 세후이자가 많다. "자유적립예금"은 예금 보호상품이다. 따라서 저축은행이 여전히 경영 건전성이 불안하지만 금리가 은행보다 1%이상 높기 때문에 저축은행에서 가입하는 것도 고려해볼만하다.

개인연금통장

연금은 왜 하는가. 연금은 10년 이상의 장기상품이다. 연금은 10년 가입 후 55세 이후 매월 일정금액을 수령해 노후 생활자금으로 쓰는 것이다. 문제는 이런 형식적인 요건이 중요한 것이 아니라는 점이다.

문제는 항상 금리다. 장기형 상품의 금리가 0.1%만 차이가 나도 10년 후에는 복리로 따져 받는 금액의 차이가 크다. 그런데 문제는 민간연금이라는 은행연금, 연금보험이 제로금리를 향해 달려가는 지금의 금융환경에서마저도 금리경쟁력이 전혀 없다는 점이다. 민간연금 상품이 "노후를 준비하기 위한" 머스트해브(must have)로 인식되고 있는 것은 금융회사의 전사적인 마케팅 효과의 결과이고 민간보험에 대해 그 목적성을 이해 못하는 수요자에게도 책임이 있다.

항상 경제성을 판단할 때는 기회비용 측면에서 평가해야한다. 지금 당신에게 1,000만 원이 있다고 가정해보자. 투자기간은 5년이다. 이 돈을 가지고 당신이 정기예금, 연금보험(일시납), 채권(AAA등급의 회사채)에 각각 투자했다고 가정해보자. 그 결과는 하늘과 땅차이만큼 간극이 크다. 채권에 투자했다면 세후 30%가 넘는다. 정기예금은 이보다 떨어지고 연금보험은 겨우 원금수준이다. 물론 연금보험은 가입기간이 10년이나 5년까지의 환산수익률로 계산하면 5년이 이런데, 10년 후에는 금리차이가 얼마나 벌어지겠는가. 결론적으로 민간연금은 노후에 당신을 더욱 가난하게 하는 상품이다.

CMA계좌

CMA계좌 하나 없는 당신. 재테크에 무관심하거나 돈이 많거나 둘 중 하나일 것이다. CMA는 쉽게 얘기해 수시입출금식통장이다. 은행에도 수시입출금식상품이 없는 것은 아니다. 은행의 경우에는 500만 원 이하의 잔고에 대해서는 지급금리가 1%미만이다. 반면 종금사, 증권사 CMA는 실세금리가 작용되기 때문에 금리 면에서 당연히 유리하다. CMA는 두 가지 유형이 있다. 종금사 판매 CMA와 증권사 CMA가 있다. 이 둘의 차이는 종금사 CMA는 발행어음형 CMA라고 해서 예금자보호가 되고, 증권사 CMA는 RP형 CMA라고 해서 예금자보호가 안 된다는 점과, 종금사 CMA는 확정금리이고 증권사 CMA는 변동금리라는 점이다. CMA는 금리를 떠나서 수시입출금 기능을 가졌다는 점에서 필요성을 갖고 있다.

변액보험

변액보험은 세상에 태어나서는 안 되는 상품이다. 펀드의 장점과 보험의 기능이 합쳐져서 수요자 입장에서는 펀드도 아니고 보험도 아닌 상품으로 보험사에게만 절대적으로 유리한 상품이다.

펀드

펀드는 절대적으로 펀드회사에게만 유리한 상품이다. 펀드에 대해서는 머리말 부분에서 설명했기 때문에 여기서는 생략해도 펀드가 왜 나쁜 상품인지를 알고 있으리라 믿는다.

종금사 실세 금리형 상품

종금 사 전신은 투자금융사(또는 단기자금회사)로 기업의 단기여신과 기업금융과 연계된 단기금융상품을 전담해서 판매하던 회사다. 종금사의 단기금융상품들, 발행어음, C MA, 표시어음은 적어도 3개월 이내의 여유자금 운용시 금리가 가장 높은 상품이다. 예금자보호가 된다.

CI 관련보험

CI(Critical Insurance, 치명적 질병을 담보 보험)은 가장 보험다운 보험 상품이다. 최근 들어 보험회사가 자산규모를 확대재생산하기위해 보험의 원래 목적에서 벗어나는 변 액 보험, 저축성보험, 연금보험에 전사적 마케팅을 전개하고 있지만 이는 그들만을 위한 섯이지 시장 수요자에게는 전혀 경제성이 없다.

CI보험은 생명보험 중에서 가장 보험다운 보험은 건강보험이 보장하지 못하는 질병에 대한 보장이 되기 때문에 미래의 위험에 대비해 꼭 해야 할 보험이다. 손해보험사의 자동차종합보험, 운전자보험, 화재보험, 배상책임보험은 그 대상자가 되는 사람은 꼭 가입해야 한다. 이들 상품은 수익률 때문이 아니라 그 이상의 중요한 가치가 있다.

채권통장

채권투자는 꼭 증권시장에서 직접투자만 가능한 것이 아니다. 증권시장 내에서의 채권투자는 기관이 주도하고 있기 때문에 소액으로는 투자가 어렵다. 그러나 대형증권사를 통한 장외거래 방식으로 얼마든지 소액으로 투자가 가능하다. 현재 시장실세금리지표가 되는 국고 채(3년 물) 금리가 1%대 후반이나 채권 중 안정성이 담보되는 기업이 발행하는 BBB-등급 이상의 신용도를 갖고 있는 회사채(3년, 이표 채)는 5~9% 이상까지도 수익률이 가능하다. 향후 금리가 떨어진다고 하면 채권 수익률은 금리와 반비례 관계이기 때문에 더 높은 수익률을 얻을 수 없다. 지금 확정금리 상품 중에서는 그나마 채권투자가 가장 수익률이 높다.

당신의 귀중한 여유자금을 은행, 보험사 판매 금융상품에 투자하는 것은 미친 짓이다. 물가는 고공행진 하는데도 정부는 한국은행기준금리를 계속 낮추고 있다.

이러한 금리흐름에서 여유자금을 금융상품에 투자하는 것은 앉아서 돈 까먹는 일이다.

민간연금 상품, 은행저축성예금으로 노후를 준비하는 것은 말이 안 된다. 금융상품, 특히 은행 고유계정 상품은 금리가 투자의 기준이다. 은행권 금융상품의 세후금리가 물가 상승률을 못 쫓아가는 시대에 금융상품은 효율성이 더 이상 없다.

금융시장에서 판매되고 있는 금융상품의 SWOT분석

S(Strength)	W(Weakness)
- 안전성(은행권고유계좌상품) - 수시입출금상품의 다목적운용가능 - 환금성	- 시장실세금리 보다 낮은 세후금리 - 은행들의 과도한 예대마진 착복 - 거래수수료 과다함 - 은행에서 원스톱 금융상품 쇼핑은 가능하나 경쟁력있는 금융상품은 전혀없음
O(Opptunity)	T(Threat)
- 금융상품의 경제성은 시간이 지날수록 사라짐. 단 채권은 수익률이 금리와 반비례함으로 투자시기가 빠를수록 기회이익이 높아진다. -금융위기의 주기가 짧아지고 수시로 찾아오는 시장흐름에서 금융위기시에는 안정자산인 채권의 경제성은 오히려 상승한다.	-저금리시대에서의 제로금리시대로의 전환(복지재정의 확대로 인해 국가발행 채권의 발행금리가 낮아지고 있음) - 노후준비의 투자수단으로 금융상품의 경제적 가치하락 - 향후 금리가 더 낮아지면 금융상품으로 노후를 준비한다는 것은 전혀 설득력이 없음 - 저축은행의 연이은 파산으로 은행권 전체의 안전성이 위협받고 있음

06

SWOT 분석으로 알아본 스튜디오 주택의 속살

스튜디오 주택의 SWOT

S(Strength)	W(Weakness)
- 높은 임대수익률 - 뛰어난 환금성 - 소액으로 투자가능	- 수요자 니즈에 부족한 편의시설 - 임대인의 지속적 발굴(임대회전율은 수익성의 절대적인 기준) - 오피스텔을 제외한 공동주택인 다가구 원룸, 다중주택, 고시원 등은 최하 3억 원 이상의 고액투자 - 쾌적한 주거공간으로의 한계 - 수익성의 한계
O(Opptunity)	T(Threat)
- 공급에 비해 잠재수요 확산 - 노후불안에 따른 안정적 수익기반에 대한 요구 - 도심회귀현상의 가시화	- 스튜디오주택의 매매가 급등추세(과거보다 수익률이 낮아지는 추세) - 주요대학 BTL 기숙사 급증으로 대학가 수요 감소

- 중·대형아파트 몰락으로 반사이익
- 전세대란으로 대체주거공간으로의
  위상 상승
- 1인 가구의 급격한 증가
- 저금리로 인한 대체 투자수단의 필요
	- 점차 경제성 있는 지역이 제한되고 있
	  음

안정과 수익성(최소한 원금보장에 물가상승률이상의 수익률)에서 최고의 상품은 단연 한국형 스튜디오 주택으로 불리는 오피스텔, 원룸, 다중주택, 고시원이다. 이들 주택에 투자하는 것은 몇 억 이상의 거액이 필요하다고 생각한다. 그래서 투자금액에 제한이 없는 금융상품(채권)투자를 여전히 선호한다.

그러나 스튜디오 주택은 소액으로 투자 가능하다는 것이 강점이고 또 약점이기도 하다. 오피스텔은 5,000만 원(적어도 수도권에는 5,000만 원 이하의 매물은 거의 없음. 그러나 1~3천만 원 대출받아서 소형 오피스텔을 얼마든지 매입할 수 있음)만 가지면 투자할 수 있다. 하지만 공동주택에 속하는 원룸, 다층주택, 고시원은 실 평수 기준 180m²(약 60평 25~30실 기준, 시설 C급)에 투자한다고 해도 보증금+시설비로 최하 3억 원 이상은 가져야 한다. 원룸, 다층주택은 C급일 지라도 최하 5억 원 이상은 가져야 하기 때문에, 오피스텔을 제외하면 소액으로 투자가 가능하지 않다. 오피스텔도 강남권은 분양면적 60m²이상 오피스텔은 2억 원 이상의 돈이 있어야 한다.

오피스텔은 매매가가 싼 지역 외곽으로 빠질수록 수익률이 높다. 투자금액에 따라서 다양한 물건을 선택할 수 있지만, 중간지대가 없다는 것이 한계다. 그럼에도 스튜디오 주택의 강점은 환금성이 높고, 임대수익률이 시중에 판매되는 모든 금융상품과 비교해 수익률이 높고 지속가능하다는 점이다. 월세만큼 임대수익률을 결정하는 임대회전율도 거의 90%이상 100%가 많기 때문에 수익성이 안정적이다. 이는 전세대란으로 인한 대체주거공간에 대한 요구의 증가, 1인 가구의 비약적 증가(현재 22% 향후 5년 이내에 40% 증가), 수도권 집중현상으로 공급량에 비해서 잠재수요는 확산되고 있다.

2007년 이후 부동산 버블 붕괴로 분당, 일산은 중대형아파트는 급격히 추락했다. 하지만 소형 아파트는 이런 분위기와 관계없이 여전히 강세다. 이 지역에는 최근 10년간 소형 아파트보다 더 많은 오피스텔이 공급됐다.

분당 야탑동, 수내동, 미금동, 구미동, 일산 장항동, 백석동에는 오피스텔이 빼곡이 들어서 있다. 상식적으로 생각해서 단기간의 과도한 공급은 경제성 하락으로 이어진다. 그러나 그 많은 오피스텔이 단기간에 공급됐음에도 이 두 지역의 오피스텔 매매가, 월세가 상승하고 임대 회전율은 거의 100%에 가깝다. 그만큼 사회·경제적으로 시장의 변화가 빠르게 움직였다는 것을 알 수 있다. 최근까지도 매매가 상승이 계속되고 있다.

매매가 상승은 투자수익률을 악화시킨다. 시장흐름으로 볼 때 투자시기가 늦었다. 그러나 어쩌겠는가. 그래도 스튜디오 주택만큼 수익률이 높은 투자 상품이 현재까지 없지 않은가.

07

주식으로 돈 벌 자신이 없으면 소형 임대 부동산만 바라봐

미래는 불안하고 살기는 어렵고 이 틈을 사행성 도박이 비집고 들어가 현재 한국에서 가장 많이 성장하는 시장이 로또, 경마, 인터넷 도박시장이다. 저금리로 갈 곳 잃은 돈을 유혹하는 유사금융도 이처럼 극성을 부리는 시대도 없었다. 시장이 투명하지 못하고 제도적 기반이 약한 장외시장에 유사금융업체의 말만 믿고 투자해 피눈물 흘리는 사람도 계속 늘고 있다. 이럴수록 정상적인 투자, 늦지만 안정적인 투자자세가 필요하다.

스튜디오 주택은 뉴욕의 독신자들의 일반적인 주거 형태로 방 하나에 침실 욕실 주방이 함께 있어 일상생활이 가능한 주거공간을 말한다. 우리나라말로 하면 원룸이다.

우리 실정에서는 이런 형태의 주거공간이 원룸, 고시텔, 주거형 오피스텔로 다양화 되어있다.

이들 주택은 투자자의 입장에서 투자금액, 경제성이 차별화 되어 있어 각 각의 투자전략도 다르다.

신도시에 거주하는 사람이면 다들 아는 얘기다.

1기신도시의 주요지역 일산, 분당, 평촌, 중동신도시에는 도시에 따라 차이는 있지만 2000년 중반부터 오피스텔 공급 물량이 크게 늘었다.

일산의 경우 장항동, 백석동을 중심으로 소형 오피스텔이 단기간에 소형 아파트 보다 더 많이 공급 되었다. 아주 기초적인 경제논리로 따져서 단기간의 과 공급은 오피스텔의 매매가, 임대가, 임대회전율을 크게 떨어트려서 경제성을 해친다.

초기에는 실제 이런 현상이 있었다. 그러나 적어도 2000년 중반을 넘어 서면서부터 슬슬 탄력이 붙기 시작해 2007년부터는 오피스텔의 경제성을 나타내는 임대가, 임대회전율, 매매가 모두 상승했다.

이 시기는 소위 부동산 버블이 본격적으로 꺼지기 시작 하던 때였다.

일산에서만 이런 현상이 있었던 것이 아니다.

분당신도시의 야탑, 수내, 미금, 구미동, 수원 인계, 원천, 영통동, 평촌 신도시 등 수도권 오피스텔 밀집지역 에서는 공통 적으로 발생한 현상이다.

서울이야 뉴 타운 광풍으로 멸실 주택이 늘어나고 인구의 서울 집중 현상으로 소위 서민주택이라 부르는 다 가구, 다세대, 연립 주택, 오피스텔의 매매가와 임대가가 천정부지로 뛴 것이 어제, 오늘

의 일이 아니지만, 그 범위가 수도권 전체에까지 확장 된 것은 우리에게 많은 생각할 거리를 준다.

우리는 수도권을 전국구 부동산으로 부르며 지방과 구분해 부른다.

지방 거주자 조차 부동산 투자는 수도권에 집중한다. 아무리 지방 균형 발전을 외쳐도 사람들은 수도권으로만 몰린다. 그리하여 대한민국 전체 인구의 절반이 서울·수도권에 살고 있다. 비정상적이다.

예전에는 지방 국립대의 위상이 높아 지역 내 인재들이 굳이 서울로 유학 오지 않았다. 그러나 이제 지역 인재들이 대부분 서울로 유학 온다.

수도권 집중 현상은 막을 수가 없다.

일자리, 학교, 문화생활 등 모든 인프라가 수도권에 집중 되고 있기 때문이다.

농경사회에서 결혼은 생산력의 확장과 합법적으로 섹스할 수 있는 제도였다. 그래서 결혼은 피할 수 없는 것이었다. 그러나 혼전에도 남녀 간의 섹스가 자유로워진 시대에 결혼은 정말 미친짓 일수가 있다. 이러한 흐름을 반영하듯 함으로써 미혼 남녀의 결혼이 늦어지고 독신자 비율도 크 게 늘었다.

앞에서 수요, 공급의 논리로 신도시의 오피스텔과 공급이 경제성을 해칠 것이라고 보았다. 이 말은 정확하다. 다만 인구의 수도권 집중 현상과 독신자가 급격히 증가하는 변수를 생각하지 못했다.

한국형 스튜디오 주택의 경제성에 의문을 가질 필요는 없으나 투자시기로는 늦은감이 있다. 이 말은 2, 3년 전보다 투자에 더 신중해야 하고 큰 금액의 투자를 요하는 원룸의 경우 사업성을 더 까다롭게 따져야 한다는 뜻이다.

수익성 부동산 시장은 원룸을 제외하고 수익성이 흔들리고 있다. 한 시절 붐을 이뤘던 테마상가는 공공의 적이 된지 오래 됐고, 평당 분양가가 4천, 5천만 원이 넘는 아파트 상가 투자로는 연 3%의 수익률을 올리기도 힘에 겹다.

이에 비하면 원룸은 매우 가능성이 크고 아직 연 10% 수익률이 넘는 곳이 많다.

모니터 앞에서 손가락 끄적하는 것은 멈추고, 지역내 부동산 중개업소 최소 5군데 이상 발품 팔아서 현장감을 키우고 투자에 적극적으로 달려들어라.

20살부터 주식에 매진에 불과 30대 초반의 나이에 100억대 자산가가 됐다는(그의 은행잔고를 보지 못해 신뢰는 안 가지만 어쨌든)사람이 방송에 나와서 사회자가 어떻게 주식부자가 됐느냐에 대한 질문에 자신은 절대 빚내서 투자 하지 않았고, 빚내서 투자하면 100% 실패 한다고 하는 얘기를 한다. 하긴 리스크 관리가 되지 않고 변동성이 큰 주식 선물 옵션에 레버리지 하는 것은, 그 비중이 클수록 조기 사망 하는 것이 맞다. 또 핵심권역을 빼고는 완전히 경제성을 상실한 중대형 아파트에 레버리지 하는 것도 조기사망 하기는 마찬 가지다.

그러나 환금성이 높은 소형임대주택을 매매가의 70%이내에서 빚내 투자하는 것을 두고 과도하게 빚내서 투자 했다고 말하는 사람이 있다면 이는 재테크에서 레버리지 효과가 갖는 기회 비용을 과소 평가하는 것이다.

원룸(여기서는 오피스텔)의 투자 장점은 투자 금의 제한이 거의 없다는 것이다. 은행권 신용상태가 양호한 사람은 실제로 1천만 원만 가져도 투자 할 수가 있다. 이 경우에는 상대적으로 고금리인 신용대출을 받아서 투자하기 때문에 레버리지효과가 반감 될 수는 있지만. 개인의 신용등급이 우수한 1~2등급 자의 신용대출금리는 아직까지 원룸투자 수익률보다 낮기 때문에 이 경우 빚내서 투자하는 경제적 효과가 발생한다. 빚내서 투자하라는 말은 이 경우에 해당되는 것이다.

1,000만 원으로 은행 정기예금에 투자 했다고 가정해 보자.

받을 이자를 아무리 높게 잡아도 세후 수익률이 1%가 안 된다.

고양시 화정동 소재의 분양평수 19평(전용률 55%)인 소형오피스텔에 3,000만 원을 빚내서 투자 했다면 과연 매월 얼마나 받을까.

부동산 포 털의 자료에서 보면 매매가가 9천만 원인 이 오피스텔의 임대조건은 보증금 1,000만원 임대가 65만원이다. 따라서 임대보증금 1천만 원과 대출금 3천만 원을 빼면 실질적으로 5천만 원으로 투자가 가능하다.

대출금리를 5%로 가정해도, 매월 발생하는 이자는 연간으로 계산해 총 150만 원이다. 그러나 연간 총 임대소득은 780만 원(월세 65만 원*12)이다. 따라서 이 사례의 경우 대출금 이자를 공제해도 연으로 630만 원, 매월로는 약52만원의 임대수익을 얻게 된다.

은행 정기예금정도의 투자 안정성이 보장 되는 상품에 투자 하면서도, 이게 끝이 아니다. 앞글에서 언급한 내용처럼 한 채를 더 매입해(대출을 끼고서) 투자를 늘리는 것은 그 수익률이 더 많아 진다.

이러고 보니 이 부분에 대해서 전혀 이해관계가 없는 내가 당신 이래도 투자 안 할 거야라고 강요하는 것처럼 보인다. 이 부분에 대해서 오해 하지말기를. 나는 관찰자의 시각에서 시장의 객관을 말 하려는 것뿐이다. 선택은 물론 여러분이 하는 것 이고.

이 사례가 일반적 이라고 말 할 수 있는 것이 실제 현장에서 이뤄지고 있고, 상식적으로 생각해도 가능한 일이기 때문이다.

오피스텔 투자는 발품을 팔면 팔수록 관리에 들이는 시간이 길면 길수록 수익이 비례해서 늘어난다. 이 점에서 창구 한번 방문으로 사후관리가 끝나는 은행거래와 비교해 불편 하다. 그래도 이정도의 경제성이 담보 된다면 이런 불편쯤은 아무것도 아니지 않은가.

수익성 임대 부동산은 월세도 월세이지만, 결국 공실률에서 수익률이 크게 영향 받는 다.

그러니 그냥 사서 던지 내의 부동산 중개소에 밑거늘으면 어련히 알아서들 할 가하고, 뒷짐 지고 있지만 말고, 가장 많은 직거래가 이뤄지는 사이트에 부지런히 홍보 글을 올리고 적극적으로 임차인을 유치해야한다. 이건 돈이 들어가는 일도 아니다.

키보드만 열심히 치면 되는 일이다.

직거래를 하면 중개 수수료가 나가지 않으니, 임차인들도 부담이 적어지고, 모든 업종이 불황이라고들 말하지만 그래도 그 안에서 성공하는 사람들은 역시 부지런하고 성실한 사람들이다.

그럼에도 부동산시장은 알 수가 없다. 언론에서는 소형 아파트

(85㎡이하)가 인기를 끌고 있고 초소형 아파트(50㎡ 이하) 분양시장은 청약하려는 사람으로 미어터진다고 한다. 강남의 재건축단지는 연일 상승하고, 서울의 핵심권 내의 아파트는 평형에 관계없이 오른다고 한다.

이런 기사 내용을 보면 나만 기회를 놓치고 있는 것은 아닌가 하는 마음에 불안불안해 진다. 이 흐름의 상당부분은 저금리가 만든 유동성의 거품이 영향을 미치고 있다. 장기적 관점에서 보면 부동산은 호재보다 악재가 많다. 그리고 무엇보다 이것은 일부지역에 국한된 현상이다. 실수요자가 아니라면 내 집 마련에 무리해서 투자를 할 이유가 없다.

08

도심권 외곽으로 나갈수록 수익률이 높다

수익성 부동산 투자는 그것이 무엇이 됐든 매매가가 높은 핵심 권역을 고집할 하등의 이유가 없다. 도심외곽이라도 유동인구가 많고, 산업단지, 대학교 등 인근 지역에 잠재수요층이 많은 지역을 선택하면 된다. 수익성 부동산은 매매차익을 얻는 것이 투자목저이 아니다. 투자금 대비 매달 안정적이고 높은 월세를 받기 위함이다.

경제는 너무 복잡한 변수에 의해 영향 받기 때문에 언제 어떻게 변할 지는 그 누구도 장담 할 수는 없다.

만약 다시 금융위기 사태가 발생하면 전체적인 자산의 위험 가중치가 높아져, 단기적으로 고금리 흐름이 연출 될 수도 있다. 다만 상식선에서 흐름을 추론하고 논리를 전개 하는 것이다.

현재의 투자 상품의 경제성은 금융시장 내의 변동 이상으로, 사회 전반의 흐름에 더 영향을 받는 부분이 있다. 그래서 단지 금리

흐름만 보고 투자를 결정해서는 안 되는 것이다.

현재 수익성 임대 부동산, 그중에서도 독신가구, 신혼부부를 대상으로 하는 소형 아파트, 다가구 주택, 주거용 소형 오피스텔의 경제성이 확장 된 것은 일반적인 수요, 공급의 논리, 금리의 영향 때문이라기보다, 우리나라 독신가구의 비약적 증가에서 그 원인을 찾아야 한다. 이 흐름은 하루 이틀에 이루어 진 것이 아니고 시 · 공간을 초월해서 하나의 큰 흐름으로 자리 잡고 있다.

실제로 투자 수익률도 높다. 그래서 이 저금리시대에 그나마 노후준비를 하는 사람들에게 현재로서는 이만한 상품이 없다.

이 점을 감안해서 수익성 임대 부동산 그 안에서 소액의 투자자도 쉽게 접근 할 수 있는 상품이 소형 저가의 오피스텔이다.

오피스텔 투자는 아파트와 그 투자 성격이 근본적으로 다르다. 아파트는 내가 사는 집이지, 이를 통해 임대 수익률을 올리는 것이 아니다. 그러나 오피스텔 투자는 금융상품 투자처럼 수익을 목적으로 투자하는 것이다.

그래서 내가 편한 것 보다 실제 살 사람의 입장에서 물건의 가치를 봐야 한다.

지금까지의 주거 공간으로서의 아파트는 남의 평가 남의 이목이 중요해, 되도록 넓은 평수, 핵심권역에 투자 해왔다. 또 이렇게 투자하면 집값도 따라서 올라줬다.

그러나 오피스텔 투자는 누구에게 보이기 위한 투자가 아니다, 임대회전이 잘되고 투자 금 대비 투자 수익률이 좋으면 그곳이 최적지가 되는 것이다.

서울 강남 논현동, 역삼동, 삼성동, 서초구 서초동(강남역 주변) 마포구 대홍동, 공덕동, 마포동, 노고산동 분당의 정자동, 수내동에는 소위 외부에서 보기에도 그 위용이 대단한 럭셔리한 주거용 오피스텔이 많다. 그러나 문제는 비싸다는 것이다.

이 지역들의 21평(전용 율60%)의 소형 오피스텔은, 신축의 경우 족히 2억 원을 호가 하는 것이 대부분이다. 투자금액이 2억 원이라면 월세로 100만 원을 받아도 투자 수익률은 고작 5%다.

월 임대료가 100만원이 넘어가면 세입자를 찾기도 어렵다. 과연 보통의 독신 직장인 중에서 월세100만 원에, 관리비가 겨울이면 30만원이 넘는 곳에 월세로 살 수 있는 경제력을 갖고 있는 사람이 얼마나 되겠는 가. 이 때문에 이들 지역 내의 오피스텔은 주거용 보다 사무용 비율이 높다.

이 책은 주택을 소유하고 있으면서, 수천만 원 의 노후자금을 을 가지고 있는 사람들의 노후준비전략에 대한 것이다. 이들의 재정적 어려움으로 서울 핵심권역에 위치한 오피스텔 투기는 무리다. 물론 할 수는 있다. 있는 돈, 없는 돈 다 끌어내고, 대출을 최대한 받으면, 그런데 그렇게 한다 해도, 이 지역의 오피스텔 수익률이 이를 커버할 수가 없다. 그래서 소액의 투자 금을 가진 사람이 투자하기에는 적당한 지역이 아니라고 말을 하는 것이다.

오피스텔 투자와 관련하여 꼭 기억하고 있어야 할 부분이 오피스텔은 아파트와 수익구조가 반비례 한다는 점이다. 무슨 말인고 하니, 아파트는 핵심권역일수록 경제성이 높지만 오피스텔은 반대로 서울 수도권 외곽으로 나갈수록 경제성이 커진다.

오피스텔 투자에 있어서 경제성이란 당연히 임대 수익률이다. 오피스텔은 가격대가 낮을수록, 외곽으로 나갈수록 임대수익률이 높아지는 특성을 가진 상품이다.

나는 개인적으로 투자시장에서 전문가는 없다고 생각하는 사람이다. 스스로 전문가를 자처하는 사람들은 컨설팅으로 발생하는 수익으로 먹고사는 사람들이다. 컨설팅으로 먹고 사는 일이 참으로 고단한 일이다.

이 변화무쌍한 시장에서 투자자를 감언이설로 사로잡는 것에는 한계가 있다. 시장이 어디로 튈지 모르는데, 그래서 부동산 시행사, 금융회사와 협력해 그들의 판매촉진에 기여하고 그 대가로 수익을 얻는다. 이들에게 시장의 객관을 요구한다는 것이 어리석은 일이다.

스스로 셀프 전문가가 되기 위한 노력을 하는 편이 낫다. 만인이 정보를 생산하고 만인이 정보를 공유하는 세상이다. 그들의 말을 믿는 것보다 인터넷으로 필요한 정보를 찾고 발품을 팔아 생생한 현장의 정보를 활용하는 것이 실제 좋은 결과로 이어진다. 남의 말은 투자의 방향성을 정하는 것에만 의존하고 실제 투자는 자신의 판단으로 하는 것이 투자의 정석이다.

09

이렇게만 하면 임대 수익을 더 늘릴 수가 있어

나는 세상에 단 한 번의 투자로 대박을 터트리는 것은 로또에 당첨되는 경우가 아니라면 불가능한 일이라고 믿고 있다. 한국에서 10억 원 정도의 자산이 있으면 부자라고 한다. 과연 이렇게 부자 소리를 듣는 사람들이 한 번의 투자로 대박을 일었기에 가능했을까.

안정적인 소득기반을 만들고, 꾸준히 저축을 통해 상식선에서 투자하고, 위험 가중치가 높은 투자는 피하는 안정적으로 가처분소득을 장기간에 걸쳐 늘려온 결과이다. 투자로 대박을 얻으려는 욕심은 버려라. 상식적인 투자, 상식적인 수익률, 지루하지만 이것이 개인이 가야하는 투자의 길이다.

자본시장에서 창업자가 사업 초기에 저가로 주식연계채권을 받아 상장시장에서 기업 공개로 막대한 자본이익을 얻지 않는 한 보통의 사람은 늦어도 정상적인 방법으로 투자를 해야 한다. 재테크로 약간의 돈을 더 버는 일은 인생의 덤으로 생각하고 살아야 한다.

냉장고 안에 있는 얼음을 꺼내 탁자 위에 올려놓고 장시간 방치하면 얼음은 녹아 물이 되고, 또 한참이 지나면 그 물마저 증발해 흔적도 없이 사라지는 것처럼, 돈도 그냥 집안의 장롱 속에만 꼬불쳐만 두고 방치하면 물가의 상승으로 인해 언젠가는 실질구매력의 가치가 제로가 된다. 이론적으로 그렇다는 얘기다. 어느 바보가 그 지경에 이를 때 까지 돈을 방치 할 까.

여기서 우리가 알아야 할 것은 돈도 기름칠을 해주고, 돌리고 돌려야 돈의 가치가 상승한다. 그러니까 매월 받게 되는 월세를 그냥 두지 말고 한 푼이라도 그 가치를 상승시키기 위해서는, 그 돈으로 투자를 멈추지 말라는 것이다.

이 경우 투자위험이 높으나 기대 수익률도 높은 주식을 매월 적금들 듯이 장기간 매입하는 것이 부담도 경감된다. 이렇게 하면 전체적인 주식의 매입단가가 낮아져 소위 말하는 적립식 투자의 효과도 발생한다.

현재 자산 운용사에서 많은 수수료를 받고 판매하는 상품이 적립식 펀드다. 이치는 같다. 그렇다면 뭐 하러 높은 수수료를 내면서까지 적립식 펀드에 투자하나. 그들의 우월한 자산 운용능력 때문에, 누가 그런 말을 하는 가. 그들의 자산운용능력이라는 것이 연 주식 평균 수익률을 밑도는 상황에서. 그래서 투자의 신이라고 말하는 워렌버핏 조차 펀드에 정말투자를 하려 한다면 펀드 매니저의 간섭을 들 타는 지수 형 펀드인 인덱스 펀드에 투자 하라고 할 까.

뭐 이렇게 꼭 하라는 얘기는 아니다. 주식이 아니더라도 이 돈으로 종금사의 RP형 적립식예금에 투자하는 것도, 소액 채권 저축에 투자하는 것도 다 괜찮다. 어느 방법이 됐든 매월 받는 월세의 가치를 키우는 것은 맞다.

결론적으로 가처분 소득을 늘리기 위함이라면 돈을 한시도 가만 두지 말고 굴리라는 말이다.

돈은 움직여야 정말 돈이 되는 것이여.

월세의 활용 부분에 대한 금융의 기술 에 대해서 더 말을 이어 가자면, 최근 고수익 금융상품으로 떠오르고 있는 회사채, 후순위채권은 공통점이 무엇인지를 알고는 있는가. 회사채는 기업이 자금을 조달 하기위해 발행하는 것이고, 후순위채권은 금융회사(특히 2금융권)이 국제결제은행의 자기자본 비율을 맞추기 위해 발행하고 금리는 정기예금의 2배가 된다는 정도는 다들 알고 있을 것이다.

그런데 여기서 말하고자 하는 것은 회사채 후순위채권 모두 이자지급 방법이 1개월 또는 3개월 마다 이자를 지급하는 이표 채라는 것이다.

한때(지금도)꽤 잘 팔리는 펀드 중에서 주가연계 예금 (ELD,equity linked deposit)이라는 펀드가 있다, 이 상품은 펀딩된 자금을 정기예금에 투자한 다음 발생하는 이자로 주식에 투자 하는 펀드다. 이렇게 함으로써 위험은 줄이고 안정적 수익을 확보 하는 것이 이 펀드의 특징이다. 문제는 이 상품이 펀드라는 점이다. 펀드는 모두가 알고 있듯이 투자원금의 최저 1%이상의 수수료를 내야 하고 원금의 손실이 발생하면 개인이 다 떠 안아야 하는 매우 불공정한 상품이다. 이런 상품에 투자할 이유가 없다.

최근에는 파생 상품과의 연계비중이 높아져 위험도 커졌다.

수수료를 내면서 까지 주가 연계예금에 투자하지 마라. 직접 하면 된다. 직접 하면 방법도 더 다양하다. 앞서 말 한대로 오피스텔에 투자한 후 매월 발생하는 수익으로 적금 상품 중 가장 이율이 높은 자유적립예금에 투자하던지 주가연계예금처럼 매월 일정금액으로 주식을 사면된다.

종목선택이 어렵다고, 뭐 어려울 것이 있나. 최근 주식시장 흐름은 명확하다. 독점기업이 주가도 독점한다. IT 업종 같은 사업내용이 복잡한 기업을 선택 하지 않아도, 내수기업 그중에도 독점적 브랜드를 가진 기업을 신문 종목 란에서 찍어 장기간 보유하면 된다.

이게 잘 만 되면 수익은 배꼽이 배보다 커지는 효과도 볼 수 있다. 된다. 최악의경우도 임대소득만으로 하는 것으로 위험도 크지 않고, 블루칩 종목의 특성상 일시적으로 주가가 추락해도 가격 복원력이 강하기 때문에 돈 까먹을 일은 거의 없다.

이것조차 관심 없다면 확정이율을 주는 자유 적립식 예금에 가입하면 된다.

기능적 부분에서의 재테크도 창조성이 요구 된다. 남이 하는 대로 따라갔다간 같이 죽는 다. 투자 시장에서는 이런 말이 있다. "남들이 욕심 낼 때를 두려워하고 남들이 두려워 할때 욕심내라고."

부동산 시장에 이 말을 대입해보면 분명히 과거와 다른 변화가 시장에 존재 하는 것에는 이의가 없을 것이다. 그렇다고 부동산 붕괴 운운 하는 것도 도가 지나치다. 최근의 주가폭등이 환율과 저금리를 기초로 한 유동성에 의한 것처럼 그 유동성이 주식을 떠나 다

181

시 부동산에 유입되면 부동산이 어디로 튈지는 아무도 모른다.

인간의 탐욕이 지배하는 투자시장에서 펀더멘털은 항상 유동성에 무릎 꿇어 왔다.

유동성을 간단히 말하자면 돈의 흐름이다.

10

부동산 시장의 디 커플링 현상을 주목 해야 해

팩트만 갖고 보면, 돈 되는 부동산과 돈 안 되는 부동산의 경계는 명확하다.

부동산 시장에서 중대형 아파트는 애물단지다. 수도권에서 단기간에 가장 많은 중대형 아파트가 공급된 용인시 아파트를 부동산 버블 끝물에 과도하게 빚내서 투자 한 사람은, 이자는 이자대로 나가고 입주가 끝났어도 마이너스 프리미엄인 곳이 지천으로 깔렸다. 예전 같으면 기다려라. 아파트는 부동산 중에서 환금성이 좋은 부동산이다. 또 아파트 가격이 빠져도 일시적이다. 손해 보고 팔지 말아 라. 이렇게 말을 했을 것이다. 지금은 빨리 손 절매 하는 것이 이자를 줄이고 고통에서 빠져 나오는 일이다.

내수가 침체되고 서민의 가처분 소득이 줄고 가계 빚은 급증한다. 대기업, 대기업 협력 사 들의 해외 공장 이전 도미노가 계속되고, 지역상권은 대형 할인 소매점에 의해 초토화 된 것은 팩트다. 이 흐름을 보면 부동산은 이제 완전히 맛이 갔다고 말 할 수가 있다.

그러나 이는 불황의 그늘이 짙은 침체기 에는 항상 나오는 얘기다. 우리가 붕괴라는 말을 쉽게 입에 담아서는 안 되는 것이 서민, 중산 층 대부분의 자산구조가 집 한 채가 개인재산의 80%이상 차지하는 현실에서, 부동산 시장의 붕괴는 부자보다 서민 중산층이 몰락하는 것을 의미 한다. 그래서 붕괴라는 단어는 되도록 피하고, 연 착륙을 기대 하길 소망해야 한다.

분명 부동산 시장에서 버블이 꺼진 것은 맞다. 그러나 일부 과공급된 지역을 제외하고는 붕괴라고 할 만큼 가격이 떨어진 곳이 생각 보다 별로 없다(이 부분은 각자의 시각에 따라 논쟁이 있을 수 있다). 부동산 버블 기 에는 나 홀로 단지, 교통 연계망이 부족하고, 서울 접근성, 생활 편의 시설이 낙후 된 것조차 집값이 급등했었다. 이른바 묻지마 투자가 성행했다. 부동산 버블 시기에 풍선효과로 인해 수도권 외연이 확장된 덕을 본 지역들이다. 이제 그 거품이 걷히고 가격이 제자리로 돌아 온 것 뿐 이다. 침소봉대 하지 말자.

다만 중대형이 주택시장을 주도하는 시대는 끝났다. 하지만 실수요자라면 중대형은 가급적 피하되 경제성이 되살아나고 있는 중소형 아파트는 욕심내도 된다. 여기에 유동성이란 괴물이 부동산에 유입되면 급상승 할 수도 있다. 한국은행의 기준금리인하 조치로 그 흐름이 가시화 되고 있다. 이 흐름이 여러분 눈에도 보이지 않는가.

인간의 본성이 지배하는 곳이 시장이고, 시장에서의 투자는 실체다. 현재 부동산 시장은 되는 물건 과 안 되는 물건 간의 간극이 엄청 크다. 이른바 디 커플링 현상이다.

분명히 중대형 아파트는 맛이 간 것이 확실하지만, 일부지역 이를 테면 판교, 광교신도시, 세곡지구, 위례신도시 등 서울 강남 중심권과 접근성이 좋고, 인프라가 완비된 지역의 아파트는 여전히 가격이 강세를 유지하고 있다. 그리고 중대형 아파트가 전체적으로 맛이 간 사이에 오히려 소형 아파트의 경제성은 올랐다. 지역내 상가는 침체 되어 있지만, 지역 내에 있는 원룸 단지들은 호황이다. 이러한 부동산 시장의 디 커플링 현상을 주목하여 투자 한다면 지금이 기회 일 수도 있다. 금리가 낮아도 너무 낮다고 실망하지마라.

옛 말에도 하늘이 무너져도 쏟아날 구멍은 있다고 했다.

11 수익성 임대주택의 전국단위 경제성 분석

한 때 전국구 부동산이라는 말이 회자 됐었다. 전국구 부동산이란 대한민국에서 가장 노른 자리로, 지방의 돈 좀 있다는 사람들 까지 돈을 싸들고 와서 투자하는 부동산, 절대 꺼지지 않는 부동산 시장을 가리켜 표현하는 말 이다.

전국구 부동산의 위세가 얼마나 대단 했 었 는 지는, 부동산 버블 시기를 복기 해 보면 답은 금방 나온다. 부동산 급등시기에는 수도권은 그 곳이 어디든 간에 정도의 차이는 있지만 모두 올랐다. 그러나 지방은 산업시설이 몰려있는 창원, 거제를 빼면 특별히 올랐다고 할 수 있는 곳이 없다. 오히려 미분양에 허덕이는 곳이 더 많았다.

참여정부 시절 기업도시, 혁신도시, 세종특별시 개발로 풀려나간 토지 보상금이 모두 수도권에 집중되어, 수도권과 지방간의 부동산 양극화 만 심화 시켰다.

지방은 부동산의 무덤이었다. 특히 아파트의 경우는 더했다.

어디를 가나 마찬 가지였다.

부동산 버블이 빠진 지금도 그 흐름에는 변화가 없다. 지방 주요 도시에서 미분양이 해소되고 집값이 오르고 있다고는 하나 이는 부활과는 거리가 있다. 수요와 공급간 괴리로 발생한 미스 매칭으로 인한 일시적 현상이다.

뷰(view)에서 탁월한 조망 권을 가진 해운대 우동 등의 신시가지와 광안리 해수욕장, 광안대교 조망 권을 가진 남촌 동을 빼면 부산은 여전히 아파트의 무덤이다. 부산만 그럴까. 부산에 이은 제 3의 도시 대구도 학군이 좋은 수성구의 신축 아파트를 빼면 가격이 오르지 않고 있다.

교육, 산업시설의 부족으로 인구 유출이 심한 곳이 장기적으로 아파트 가격이 오르겠는가.

광주, 대전, 전주도 똑같다. 이곳은 수요보다 공급이 많다.

이렇게 보면 우리나라는 참 불공평 하다. 같은 임금을 받는 사람이 어디 사느냐로 개인의 부가 확 달라지니. 이 모든 것이 지역 간 집값의 불균형 차이 때문에 발생하는 현상이다.

그러나 원룸 시장에는 전국구가 존재 하지 않는다. 자신의 역량으로 지역 내에서도 얼마든지 경제성 있는 물건을 확보 할 수가 있다.

부산에 가면 경성 대, 부경대가 있는 대연동이 있다. 광안리 해수욕장이 가깝고 중심상권 서면과도 가깝다. 이곳은 교통의 편리성과 상업시설이 밀집 되어 있다 보니 대학 생 뿐이 아니라 독신 직장인 거주가 많은 부산의 대표지역이다. 수요층이 두껍다.

이 지역은 독신가구를 위한 원룸, 오피스텔이 몰려 있다. 이 지역의 임대조건은 서울 2급지 정도는 된다. 반면 매매가는 싸다. 이는 투자 금 대비 투자 수익률이 좋다는 것을 의미한다. 물론 이 지역 내의 원룸, 오피스텔 중에서도 시설관리, 임대인에 대한 서비스 차별화, 홍보 전략에 따라서 잘 되는 곳이 있고, 아닌 곳도 있을 것이다.

그러나 레드오션에서의 피 튀기는 경쟁 정도는 아니다.

대구 영남 대 주변은 단일 지역에서는 최대 원룸(규모도 천차만별, 다가구를 월세로 하는 소규모부터 대규모 사업화 된 원룸까지)이 밀집해 있다. 영남대가 대구 중심권과 많이 떨어진 경산에 있고, 경산 시에는 영남 대 이외에도 하양 읍에 가톨릭 대가 진량 읍에는 대구대 등 재학생수 2만 명이 넘는 메이저 캠퍼스가 다수 있어 수요층이 탄탄한 곳이다

전국적으로 이렇게 메이저 캠퍼스가 한 지역에 몰려있는 곳이 많다. 따라서 임대 수요자는 넘친다. 우리가 일상생활을 하면서 한 번쯤 경험 해 본 것이지만 불친절하고 서비스 마인드라고는 찾아 볼 수 없는 음식점, 숙박업소들이 많다.

원룸 주인 들 중에서도 그런 부류들이 많다. 돈만 밝히고 임차인의 편의 시설에는 전혀 관심이 없는, 이런 사람들이 여전히 많다는 것은 역설적으로 그래서 가능성이 더 있는 것이다. 원룸은 많지만 제대로 된 서비스를 하는 곳이 없기에.

임차인들은 주인이 친절하고, 시설관리가 깨끗한 곳이라면 거리가 조금 멀어도, 가격이 조금은 비싸도 개념 치 않는다.

이 시장은 소규모로 이뤄지는 관계로 주인들의 서비스 마인드가 부족하다. 따라서 서비스 정신으로 무장하고 시설관리에 만전을 기한다면 수요층만 장기적인 수익모델이 가능하다.

수도권도 여전히 기회의 땅이다.

단국대 죽전 캠퍼스 같은 요지는 꽤 많은 투자금이 요구되기는 하지만 상대적으로 외곽에 위치해 있는 수원 대, 한신대, 평택대 등 수도권 대학 주변은 착한 가격대의 물건이 많다. 수도권에 위치한다는 것만 으로도 매매가 대비 임대료가 높은 지역이다.

수도권 전철이 들어가는 천안권의 대학가 원룸도 경제성이 있다. 천안권 대학가는 단국대 천안 캠퍼스 주변의 안서 동은 백석대, 상명대, 호서대 천안 캠퍼스 등이 몰려있어, 천안 중심가인 고속버스터미널에서는 떨어져 있으나, 대규모 원룸촌이 형성되어 있는 대표적 지역이다. 생각없이 이 곳을 가본 사람들은 대개 한 번쯤은 놀란다. 엄청난 규모에.

나 역시 그랬다. 학생 수요가 많다보니 원룸이건, 고시원이건 이들 지역의 임대 가는 거의 수도권에 육박하는 수준이다. 이곳의 대학에 다니는 학생들은 수도권 전철을 이용해 두정역에 하차해, 학교 버스로 등·하교를 하는 수도권 거주 학생들이 많아 아직까지는 경제성이 충분히 있다. 학교내 기숙사 수용인원도 학생 수에 비해 적다. 천안권은 이들 대학 이외에도 순천향 대학, 호서대 본캠퍼스, 나사렛 대학, 공주 대학교 천안 공대 등이 있고 삼성 반도체 공장에

근무하는 직원들 까지 감안하면 임대수요가 매우 풍부한 지역이다.

천안권은 상전벽해라는 말처럼 하루가 다르게 빠르게 변화하는 곳이다. 고속버스 터미널과 신세계 백화점이 있는 천안의 중심가 신부동의 거리에는 젊은이들로 넘쳐난다. 말로만 듣는 것보다, 투자하기 전에 여행 삼아 한번 가보는 것도 재미있는 일이다. 나 역시 꼭 시장조사를 위해서 라기보다 전국을 유람한다는 마음으로 전국 곳곳을 다니고 있다.

천안권보다 낮은 가격으로 투자할 수 있는 곳이 대전이다. 대전에도 참으로 많은 사립대학 들이 있다. 대전의 대학들은 기숙사 수용 인원이 절대적으로 부족하다. 그래서 배재대가 있는 도마 동, 한남대가 있는 홍도동, 용전동, 우송대가 있는 대동 등의 대학 촌 에는 꽤 큰 원룸 단지가 조성되어 있다. 이 지역의 원룸 단지에서 나오는 매물들은 수도권 보다 많이 저렴하고, 임대 회 전 율도 높아 경제적 가치가 크다. 개인적으로 투자금이 모자라면 다른 사람과 공동 투자하는 방법도 생각해 볼 수가 있다.

12 1기 신도시의 저가 매물을 잡아라

많은 사회 정치적 논란에도 불구하고 1기 신도시가 건설된지 30년이 다 되어간다. 시간이 지나면서 도시 인프라도 성숙되고, 사통팔달의 교통망이 완성되면서 상권도 활성화되고 도시 유입인구도 급증했다. 특히 1기 신도시는 청년 유입인구가 많다. 따라서 수익성부동산의 가치도 상승한 대표적 지역이다.

뉴타운은 이명박이 서울시장 재임시 시작됐다. 건설로 인생의 쓴 맛, 단맛 다보고도 그의 머릿속 키워드가 "개발"이 아닌 적이 한 번도 없었다.

그러니 서민경제 거덜 내는 고환율 정책도 모자라서 국민이 반대하는 4대강 사업에 막대한 정부예산을 쏟아 부은 것 아니겠는가. 다 지난 일이라고 치부 해버리기에는 그 후유증이 매우 크다. 반면 교사로 충분히 삼을 만한 일이다.

191

그 돈이면 우리 워킹 맘들의 육아 부담의 고통을 덜어주고, 대학교 등록금 절반으로 줄이고도 남는다.

뉴 타 운은 구도심의 50만㎡를 재 재발 하는 광역화된 재개발 이다. 뉴 타운 대상 지역에 포함 됐다는 첩보 수준의 얘기만 돌아도, 당시에는 대지 지분 가격이 천장 부지로 뛰었었다. 한강 개발 축 선상에 있는 용산 지구, 한남 뉴 타운, 성수 거점 지구, 거여 마천 뉴 타운, 목동지구 등의 평당 대지 지분가를 뉴 타운 사업이 막 시작되기 전인 2002년과 2008년 의 대지 지분가격을 지난 자료들을 찾아서 비교해 봐라. 정말 말도 못하게 올랐다. 2배, 3배는 오른 것도 아니다.

이러니 다들 눈이 뒤집힌 것이다.

어느 곳이나 지분 쪼개기가 극성이었고, 정치인마저 진보니 보수니 구별 하는 것이 무색하게 주요공약이 지역 내 구도심 권에서 무조건 뉴 타운 사업을 추진하고 사업 속도를 높이는 것에 올인 했다. 이러니 한 때 서울은 물론이고 경기도 50만 이상 7대 도시 어느 곳이나 재개발 뉴 타운 사업으로 홍역을 치렀다.

부자, 중산층, 서민 할 것 없이 뉴 타운, 재개발 지역 내에 대지지분을 한 평이라도 갖고 있으면 다들 돈을 벌었다. 이제는 그런 시대는 막을 내렸다. 지분가격은 사업성이 없을 정도로 오를 대로 올 랐고, 부동산 침체까지 더해져 지금 뉴 타운 시장은 공황 상태다.

우리들이 탐욕에 눈이 멀어 뉴 타 운에 올인 할 때, 그 탐욕으로 인해 구도심 멸실 주택이 증가해 대부분 서울 뉴 타운 지역 내에 있는 대학교에 다니는 우리 아이들은 이전보다 50%의 월세를 더 내도 자취방 구하기가 어려워 졌고, 신혼부부 들은 방 구하기가 어려워 결혼을 미루거나, 원룸, 오피스텔 등의 독신 주거공간으로 몰려들었다.

임대 주 들에게는 호재지만 이는 기뻐할 일이 아니다.

이런 요인 때문에 원룸의 경제성이 높아 진 것 이라면 정말 대한민국은 살 맛 안 나는 징 글 징글 한 나라다.

분당 아래 천국이란 말이 대유행이었던 때가 불과 얼마 전 이다.

분당은 국내 최초의 제대로 개발된 신도시로 자연녹지 비율이 높고, 도시개발 30년이 다 되어가면서 도시 생활환경이 안정 되어 있어, 여전히 살기 좋은 곳 이다. 강남 접근성도 뛰어나고, 교통여건도 지하철 노선이 계속 확장 되면서 수원 역에서 영통, 기흥 까지 그리고 강남 접근 시간도 많이 단축됐다.

학군도 좋다.

분당만 그런 것이 아니다.

호수공원으로 잘 알려진 일산 역시 제2 자유로 경의선 복선 구간 연장 등으로 서울 접근성이 현저히 개선 됐고, 생활여건도 도시기반이 잡혀가면서 좋아졌다. 이것이 부동산 버블 시기에 이 지역의 아파트 가격이 고공행진을 한 이유다.

그러나 버블이 꺼지면서 1기 신도시의 후유증이 컸다. 주거여건으로 따진다면 이처럼 가격이 밀릴 이유가 없었다. 인근에 소규모 택지 개발지역이 늘어나고, 판교, 광교 신도시 등 대체 신도시가 생겼다고 해도, 이 흐름에 영향 받기에는 분당, 일산의 주거여건은 다른 곳과 대체 불가능 할 정도로 뛰어나다. 분당, 일산을 포함하여 산본, 평 촌, 중동신도시 의 발목을 잡고 있는 것은 재건축의 기대 감이 사라졌다는 데 있다.

보통 아파트는 15년~16년의 성숙기를 지나면 재건축 기대감으로 가격이 상승 하는 것이 일반적이다.

재건축으로 용적률, 건폐율이 늘어나 남는 면적은 일반분양으로 돌려 시세차익이 발생하는 구조이기 때문이다.

그러나 대부분이 고층 아파트인 1기 신도시 아파트는 재건축으로 늘어날 용적률이 없다. 대안으로 리 모델링이 거론 되지만 경제적 효과는 소형 아파트나 해당되고, 중형 이상은 1억 에서 많게는 2억 원 이상의 추가 부담금을 내야한다.

그래서 분당의 경우 그 돈이면 판교로 갈아타지 누가 리 모델링에 돈을 쓰겠냐는 말이 나왔다. 여기에 광교 신도시가 본격 입주가 시작되면서 분당 신도시의 위상이 많이 가라앉는 상태다.

1기 신도시가 노태우 정부 시절 200만호 주택건설 정책을 밀어붙이는 과정에서 건설자재 부족으로 튼튼하게 짓기는 못 했더라도, 어떻게 지은 지 30년도 안 된 아파트가 재건축 기대에 대한 경제성 상실로 가격이 급락 한다는 것은 앞으로도 고층 아파트 재건축이 불거 질 때마다 사회 문제화 될 것이다.

투자가치로써 1기 신도시의 경제성은 사실상 끝 난 것이 아니냐는 시각이 많다.1기 신도시 가 이렇다면 다른 곳도 마찬 가지일 것이다. 리 모델링으로 아파트 가치가 상승 할 곳은 강남의 핵심지역 몇 몇 곳에 지나지 않을 테니……

이는 단지 1기 신도시의 문제가 아니다. 우리 주택문화 전반에 대한 문제다. 지금껏 주택은 주거의 공간을 넘어서, 그 자체가 가장 경제성 있는 투자 상품 이었다. 그래서 집 한번 잘 사고파는 것만으로도 평생 일해서 벌돈 이상의 돈을 번 사람도 많았다.

이제 이런 흐름은 종말을 고하는 시점이 다가왔다.

부동산을 줄이고 금융자산을 늘리라는 것은 대개 금융권에서 나오는 얘기다. 저금리 시대에서는 금융자산으로 이전소득을 늘리는 것은 어렵다. 금리가 물가를 못 넘는데. 이는 금융회사 임 · 직원 먹여 살리는 일에 기여 할 뿐이다.

그래서 우리는 그 대안을 새로운 가계경제의 캐쉬카우, 원룸 투자에서 찾고 있는 지도 모른 다.

13 신축 오피스텔은 투자 하지마

서울 강남의 신축 오피스텔은 투자하고 싶어도 투자 할 수 있는 사람이 적다. 왜, 비싸기 때문에. 그러나 슬퍼하지는 말자. 오피스텔 투자에 대한 경제성은 타 지역에 비해 현저히 떨어지니까. 서울 강남의 논현, 역삼, 선릉, 삼성동과, 강남역 주변은 오피스텔이 매매가 월세가 가장 높은 곳이다. 그러나 임대 주 처지에서 이곳의 오피스텔 들이 경제성이 있다고 말 할 수는 없다. 투자금액 대비 수익성이 떨어지기 때문이다. 이러한 투자 경제성은 강남의아파트 단지 내 상가에도 똑같이 적용된다.

잠실 재건축 단지가 몰려있는 곳의 상가는 전국 최고의 분양가를 자랑 하지만, 입주가 끝난 지 5년이 지났음에도 상가가 활성화 되어 있지 않다. 반면에 젊은 부부가 주로 사는 노원구의 소형 아파트 단지들은 아이 들로 바글바글 하다. 주로 단지 내 상가 2층에 자리 잡는 학원, 병원들도 사람이 북적 거린다. 비록 상가는 낡고, 허름해도 장사가 잘된 다. 중장 년 층이 주로 많이 거주하는 중대형 아파트 단지 내 상가는 어디를 가나 썰렁 하다. 아이들의 목소리가 거의 들리지 않는다. 단지 내 상가들이 장사가 잘될 리가 없다. 아파트 가격과 상가 활성화는 반비례의 관계에 있다고 해도 무리가 없다. 결론적으로 상가, 오피스텔은 아파트 가격과 비례하지 않는다.

상가나 오피스텔은 매월 꾸준한 임대수익을 얻는 것이 투자목적이다. 여기에 시세차익은 덤이다.

아래는 최근 분양된 강남 소재 오피스텔의 수익률을 추정한 자료다.

분양가	3억1,200만원
취득세	1,435만원
총 투자 금	3억2,635만원
연간 보증금	1,000만원
보증금 운용 이익	50만원
월 임대료	100만원
연간 임대료	1,200만원
총 임대수익	1,250만원(보증금 운용이익 50만원 포함)
연 수익률	3.8%

위에 자료를 보면 총 3억2,635만원 투자해서 겨우 연간 1,250만 원을 번다.

수익률은 고작 3.8%, 이 수익률도 세전 수익률이다.

이 정도의 투자 금으로 이런 투자를 하는 사람이 의외로 적지 않다. 이것은 시장조사를 전혀 하지 않고 투자한 것이라고 볼 수밖에 없다.

이 돈을 가지고 신도시의 대표적 오피스텔 밀집지역인 일산신도시의 장항 동, 백석 동, 분당 구미동의 건축연령 10년된 소형 오피스텔에 그냥 눈 감고 찍어 3채를 매입해도 최소 2,520만원(보증금1000만원 매매가 1억 원의 소형 오피스텔을 매입 한다는 가정아래, 임대 보증금 3천만 원의 운용이익 150만원(이자율5%)을 포함하면 2,670만 원)의 수익을 올릴 수가 있다.

최근 오피스텔의 분양이 늘고 있다. 돈은 돈이 되는 곳에 몰리게 되어 있으니 당연한 일이다. 그러나 문제가 있다. 땅 값, 건축비 상승으로 분양가가 크게 상승 했다. 이는 소위 1급 지로 갈수록 더 하다.

강남 부동산이 좋다는 것은 아이들도 다 아는 얘기다. 문제는 언제나 그렇듯이 이곳의 수익성 부동산은 경제성을 담보 하지 못 한다 는 것이다. 오피스텔은 지은 지 10년 이상이 된 곳도 관리를 잘 한 곳은 사는 데 불편 하지 않다. 꼭 신축을 고집 할 필요가 없다. 그리고 역세권 좋은 것 모르는 바보는 없다.

하지만 역세권에 서울 중심으로의 접근성이 뛰어난 곳은 돈도 많아야 하고 실제 투자 금 대비 수익률이 생각 보다 낮다. 직장인, 학생, 독신자를 주요 수요 층 으로 하는 주거 형 오피스텔은 임대료가 일정 수준을 넘어가면 수요층이 급격히 감소한다. 월세6,70만원에, 겨울이면 난방비가 30만원을 넘는 비용을 감당 할 수 있는 사람이 얼마나 되겠는 가.

우리가 투자 할 때 가장 경계할 것이 항상 시장은 이러 이러 할 것이라고 머리로만 생각하는 것이다. 그것이 오피스텔 한 채를 임대 놓는 일이라 해도, 이것도 이제 사업을 한다는 생각을 가지고 임차인의 입장에서 고객을 상대한다는 마케팅 지향적 태도를 가져야 한다.

14 임대 수익률 과학적으로 계산하는 법

장사를 하는 사람에게 흔히 듣는 얘기다. "장사는 앞으로 남고 뒤로는 밑진다." 이 말이 나온 배경을 잘 생각 해 보면 기업회계 수준은 아니더라도 돈 관리에 소홀했기 때문에 나오는 말이다. 돈이 들어오고 나가는 시제만 잘 기록해두어도, 원가를 분석하는 일에 큰 도움을 받는다. 이렇게만 하면 적어도 이런 얘기는 나올 수가 없다.

오피스텔 투자의 원가 계산은 그리 복잡하지 않다. 따라서 수익 분석을 제대로 계산 하지 못 한 데서야 말이 되는 가. 이것이 과학적으로 관리 되어야 전체적인 자산관리가 가능하다.

다음은 오피스텔 투자의 수익률 계산법 이다.

분양가(매입 가)	:A
대출금	:B
대출금 이자	:C
연간 보증금	:D
연간 임대료	:E
실 투자 금	:(F=A-B-D)
연 예상 수익	:(G=E-C)
예상 수익률	:(G/F)

우리가 매매가 1억 원 의 오피스텔을 부족금액 5,000만원을 금리 6%에 대출받아 투자 했다고 가정 하고 위 계산법에 의해 연 수익률 을 구해보자. 이 오피스텔의 임대조건은 보증금1,000만원, 임대료 는 70만원 이다.

이 정도의 임대조건이면 위에 조건에서 ±1천만 원에서 2,000만 원의 오차는 발생할 수 있다.

분양평수 60㎡(전용률 60%의 분양평수 17평-21평 오피스텔 대부분 임대조건 이다)의 물건을 1억 원에 구입하였다고 가정하고 예상 수익률을 구 해보자.

실투자금(F) = 1억 원(A) - 5,000만 원(B) - 1,000만 원(D)=4,000 만원 이다.

연 예상 수익(G)= 840만원(E) - 300만원(C)= 540만원

예상 수익률 =540만원(G)/4,000만원(F)=13.5%

계산식에 동원된 데이터가 정확 하다고 는 할 수 없겠지만 크게 벗어나지도 않는다. 이는 지역의 부동산 중개소를 직접 방문해 현황을 실시간으로 확인 하면 바로 알 수 있는 내용이다.

또 여기에는 임대료 운영을 통한 기회비용이 빠져있다.

매월 받는 임대료를 가지고 그 범위 내에서 적립식 펀드처럼 매월 주식을 살 수도 있고 소액 채권저축에 투자할 수 있다.

한국은행 기준금리가 1.25%다. 주야장천 하는 얘기지만 이 금리 하에서의 투자는 은행권 상품을 버려야 내가 산다.

부자들은 하이 일 드 하이리스크 라는 말을 믿지 않는다고 한다. 대부분의 부자들은 확정 이율 상품을 선호한다. 한때 저축운행을 부자들의 사금고라고 부른 이유가 무엇 이었겠는가.

또 서민 금융 회사라는 저축은행이 왜 강남 요지 땅에 몰려 있나. 확정이율을 좋아하는 부자들이 집단으로 거주 하고 있기 때문이다. 정기예금은 은행이나 저축은행 이나 5,000만원 까지 예금보호가 되고, 여러 저축은행에 가족 수 만큼 분산 투자하면 거액을 투자해도 안전하다. 그런데 강남의 저축은행들이 건설사의 P F론 부실로 대거 파산하고, 이를 은행 계열사, 대부 회사들이 대부분을 인수 하면서 예전의 저축은행 정기예금의 금리이점이 거의 사라졌다. 그래서 부자들이 몰려드는 곳이 채권 형 상품, 그리고 원룸 이다. 예전에 강남 부자 들 중에서 산업 금융채권 안 가진 사람은 강남부자들이 아니라고 했던 것처럼 현재는 강남 부자들 중 오피스텔 한

채 이상 안 갖고 있는 사람이 드물다.

정기예금, 산업 금융채권, 오피스텔의 공통점이 무엇인가. 바로 확정이율을 주는 투자 상품이라는 공통점 이다.

그리고 또 하나의 공통점이 매월 또는 3개월 마다 이자(수익성 주택은 임대료)를 지급 받는 다는 점이다.

정기예금을 단리 식으로 가입을 하면 매월 이자를 지급받고, 채권도 이표 채를 사면 이자 지급방식이 3개월 마다 이자가 지급된다. 후순위 채권도 이자 지급 방식이 채권의 이표 채 방식과 같다.

그러니까 목돈을 투자하고 매월 이자를 받는 상품이 정기예금 밖에는 없다고 생각하는 것은 상품의 내용을 잘 몰라서 하는 말이다.

그리고 또 단기 여유지금의 대표상품으로 알고 있는 종금사의 발행어음도 1년 이상 투자 할 때에는 정기예금처럼 매월 이자를 지급 받을 수가 있다.

이 내용이 어려운가. 아니면 낯선 가. 둘 다 아니 다. 그동안 관심을 안 가져서 발생하는 것일 뿐이다. 내용이 어려울 것도 없고, 익숙해지면 낯설음도 없어진다.

15 독신자는 노마드형
인간임을 잊지마라

오피스텔이 수익성 부동산의 맹주로 올라서면서 한 쪽 에서는 공급 과잉을 걱정하는 이들이 늘었다. 당연하다. 그러나 이 경우는 공급량에 비해 수요가 더 급증하는 흐름으로 염려 할 부분은 못된다.

이느 곳이니 돈이 된다고 히면 사람이 몰리고 경쟁이 있다. 물론 붐이 일기 전 초기에 투자 한다면 이보다 좋을 수는 없겠지만 사람이 어디 매번 그럴수가 있는가. 그리고 계속 성장하는 시장에서는 공급량을 크게 두려워 할 필요는 없다.

지금까지 임대주들은 구닥다리 방식으로 건물을, 임차인을 관리해왔다. 계약서 쓸 때 아니면 얼굴 보기도 힘들다. 이러니 서비스 마인드는 어디에서도 그 흔적을 찾아 볼 수 없었다. 서비스 마인드로 무장하고, 고객의 니즈에 충실히 할 자세가 되어 있다면 오피스텔 시장이 공급과잉을 걱정 하는 상황에 있더라도, 여전히 주거용 소형 오피스텔은 저금리시대의 블루오션 이다.

한 시절 세계 IT시장을 주름잡던 IBM은 사세가 기울어 졌었다. 강력한 경쟁자 마이크로 소프트, 애플의 등장 때문인가. 결론은 그 것이 아니었다. IBM 내부에 있었다. 거대기업 IBM은 오랜 기간 경쟁자 없이 시장을 독점해 왔다. 조직의 긴장감은 떨어지고, 고객을 가르치려고 만 했다.

IBM은 개과천선하기까지 그들의 경영전략의 키워드는 "think" 였다. 그들 스스로가 고객을 이렇다고 규정하고 고객의 소리에 귀 기울지 않았다. 경영위기를 겪고 나서, IBM의 경영전략 키워드는 "고객이 항상 옳다, 고객의 니즈를 따르지 못하면 위기는 매번 찾아온다"는 절실함 속에서 그들이 택한 전략의 키워드는 "Listen" 이 되었다. 고객을 대하는 사고의 전환이 IBM을 살린 것이다. 세상에서 가장 돈을 많이 버는 장사꾼은 고객을 가르치려 하지 않고 고객의 말에 절대적으로 따르는 사람이다.

지금까지 수익성 임대 주택의 갑은 월세를 내고 사는 임차인인데, 을의 위치에 있는 임대주가 이를 망각하고 세 들어 사는 사람들위에 군림 하였다. 지금이 어떤 시대인데, 이 같은 구닥다리 고객 관리가 통할 것 같은가. 수요가 아무리 늘었다고는 해도 임차인의 입장에서는 이곳이 아니더라도 선택 할 수 있는 임대 주택은 차고 넘친다. 이들의 발길을 잡기위해서는 이제 을의 본분을 지켜 서비스정신으로 무장 하지 않으면 안 된다.

요즘은 무엇이 든 간에 사용후기가 바로 인터넷에 올라온다. 이 내용들은 사람들의 구매 결정에 많은 영향을 준다.

오피스텔 한 채를 임대하는 사람이라도 서비스 마인드는 필수다. 노력 없이는 양질의 고객도, 연중 공실 없는 운영을 할 수가 없다. 부동산중개소와도 관계가 좋아야 하고, 훌륭한 서비스로 임차인의 로열티를 끌어내야 임차인이 끊이지 않는다. 요즘 임차인 들은 인터넷을 뒤져서 정보를 얻고, 같은 처지에 있는 임차인의 경험담과 평가로 살 것인지 말 것인지를 결정한다. 인터넷의 직거래 장터에는 이 같은 정보가 매일 수없이 올라온다. 신경 써야 한다. 악성 사용 후기 글이 안 올라오도록.

독신자 들은 도시의 노 마 드 다. 그들은 일자리를 찾아 언제라도 떠날 수 있어야 한다. 그래서 짐은 가볍게 하고 풀옵션 되어 있는 곳을 선호한다. 이것이 주거 형 오피스텔 시장의 주 수요층인 독신자들이 가장 중요하게 여기는 부분이다.

최근(5년 이내) 입주가 완료된 오피스텔은 대부분 세탁기, 가구, 냉장고, 에어컨은 기본 옵션으로 다 갖추고 있다. 이는 이제 차별화 요소기 이니다.

고객은 그 이상의 서비스를 원한다. 고객의 요구는 비용으로 전가된다. 그러나 그 비용이 그 이상의 수익으로 돌아온다면, 마다 할일이 아니다.

이제 풀 옵션을 넘어서 올(ALL)풀 옵션을 제공해야한다. 그래야 임차인이 감동 받는다, 임차인 이 감동 받는 다는 것은 우리 사업의 전망이 밝다는 것을 의미한다. 푼돈 아끼려다 버림받는 시장의 상인이 되지 말고, 고객에게 무한 충성해서 성공하는 기업가가 되라.

수익성 임대 주택 운용, 이런 마인드로 시작해야 살아남는다.

5장
천 만 원으로
오피스텔 투자에
도전한다

01 주거용 오피스텔, 업무용 오피스텔

저가의 소형 오피스텔도 부동산인데 일천만 원으로 투자한다는 것은 상식적인 일은 아니다. 그러나 은행의 신용등급이 우수해 저금리의 신용대출이 가능하거나, 근저당설정과 동시에 소유자를 변경하고 대출금을 매매대금으로 지급하는 방법으로 하면 일천만 원으로 저가의 소형 오피스텔을 매입하는 일이 불가능한 것은 아니다. 이런 측면에서 생각을 해본다면 상식을 벗어난 투자는 아니다.

주택법의 개정으로 오피스텔은 "준 주택이 되었다. 그렇지만 여전히 주택이 아닌 업무용 시설 이다. 물론 주거용으로 사용해도 된다.

오피스텔 투자에서 주거용, 업무용을 구분하는 것이 중요한 이유는 주거용, 업무용에 따라서 과세되는 세금이 다르기 때문이다. 업무용은 임대료의 10%를 부가세로 내야한다. 이를 회피 하기위해서는 사업자등록을 해야만 한다. 사업자 등록을 하면 일반 사업자처럼 10년간 사업자 등록을 유지하는 조건으로 부가세를 환급 받을 수가 있다.

주거형은 1가구 1주택으로 간주되어 주택보유와 동일한 세금을 내야한다.

1가구 1주택은 업무용에만 해당된다.

주거용은 사업자 등록이 불가능하다. 주거용과 업무용은 사실 그 경계가 뚜렷치 않다. 일 반 적으로 사용용도가 아닌 법률상으로 구분한다.

법률상으로 구분할 때 오피스텔에 주민등록상의 거주지 이전이 되어 있으면 주거용으로 간주한다. 이는 업무용으로 사용하는 경우 일반적으로 주소지를 이전 하지 않기 때문이다. 또 자녀들과 함께 사는 경우도 이에 해당된다. 상식적으로 사무공간에서 자녀들과 함께 살지 않는다. 전화 요금, 공과금 영수증을 비교해 구분하기도 한다. 주거 면적이 같다고 할 때 가정과 사무실간의 차이가 있다.

마지막으로 은행계좌, 건강보험 기록을 검증해 실제거주를 판단, 주거용과 업무용을 구분한다.

현재 청약제도에서 오피스텔은 직접 거주 하거나 임대를 주는 경우 주택이 아니고 업무시설로 분류된다. 따라서 오피스텔을 여러 채 소유해도 재당첨 제한에 해당 되지 않는다.

임대인의 입장에서는 오히려 주거용 보다 경제적으로 이익이 될 수가 있다.

최근 경향이 독신자를 위한 원룸 주택은 그것이 무엇이든 간에 풀 옵션이 기본이 되고 있다. 신축의 경우 이러한 옵션을 만족시키기 위해 들어가는 비용이 적지 않다. 반면에 사무용은 주거를 위한 시설이 필요하지 않기 때문에 여기에 들어가는 돈이 적어진다.

그리고 무엇보다도 요즘에는 나 홀로 창업에 나서는 소위 소호 창업자들도 많아서 수요층도 꽤 넓게 형성 되어 가는 추세다.

저가의 소형 오피스텔은 대부분 주거용으로 임대를 하고 있기 때문에, 오히려 사무용은 희소성의 가치도 있다. 수익성 부동산의 핵심이라고 할 수 있는 임대 회전율에서도 불리하지가 않다.

마포구 대흥 동, 강남역세권 상업지구에는 건축연령이 족히 20년이 넘은 낡고 오랜 된 사무용으로 임대되는 소형 오피스텔이 몰려 있다. 시설은 낡고, 주변 시세에 비해 매매가도 상당히 낮은 가격대 이지만 사통팔달의 교통 편리성으로 임대가 잘 나간다.

그러니까 내가 하고 싶은 말은 투자 물건이 꼭 주거용의 소형 오피스텔만 고집 할 필요는 없다는 것이다. 사무용이라고 해도 수익률이 높게 나오고, 임대도 활발하게 이뤄지는 물건이리면 투자해도 상관이 없다. 이를 등소평의 말을 인용하자면 검은 고양이든 흰 고양이든 쥐만 잘 잡으면 그 고양이가 가장 훌륭한 고양이다.

여기서 소개하는 내용들은 현재 투자시장, 그중에서 원룸 시장의 극히 일부 사례를 소개하는 것이다. 수익성 임대 주택의 투자 대상 지역은 넓고, 투자 할 곳은 많은 것이 현실이다. 내가 사는 우리 동네의 물건이라도 돈이 되고 관리하기 쉬우면 그것이 가장 좋은 투자대상이 되는 것이다.

저가매물이 대규모 단지를 이루고 있는 지역에 가서 꼭 투자 할 필요도 없다.

사실 그 동네의 사정은 그 동네에 오래 산 사람들이 가장 잘 아는 것 아니겠는가.

투자에는 꼭 지켜 따라야 할 매뉴얼이란 있을 수 없다. 그곳이 어디든 어떤 물건이든 투자 안정성에 문제가 없고 수익률이 높으면 그 물건이 최선이다.

02 주거용 오피스텔 투자로 매매차익 얻기

지금까지 우리의 투자개념에서는 오피스텔 투자는 임대수익을 얻기 위해서 투자 하는 것으로 알고 있었다. 이렇게 생각하는 것은 어찌 보면 당연하다. 오피스텔은 부동산 버블 기에 조차 지역을 불문하고 매매가가 오른 지역이 거의 없었기 때문이다. 그런데 이제 달라졌다.

그것도 부동산 버블이 다 꺼져 가는 시점 이후부터다. 그래서 세상은 죽으라는 법은 없다는 말이 나온 것 인지도 모르겠다.

반면 상가는 상권의 정도에 따라 권리금이 붙을 정도로 경제성이 달라진다. 지금까지 수익성 부동산이라 하면 대개 상가를 의미하는 것 이었다.

현재는 기존의 고정 관념이 부동산 시장의 급변하는 생태계의 흐름으로 인해 바뀌고 있는 시점이다.

아래의 내용은 수익성 부동산을 대표하는 상품 오피스텔과 상가 투자의 장단점을 비교해 본 것이다.

|표| 오피스텔, 상가 오피스 투자 장단점 비교

구분	오피스텔	상가. 오피스
투자목적	주거 및 임대	사업용 임대
시세차익	거의 없다	가격 변동성이 크다
임대수익률	지역, 평형에 따라 차이 크다	대체적으로 낮다
환금성	높다	낮다
임대 회전율	높다	상대적으로 낮다
임대차 관리	비교적 용이	기업형 관리로 전문화 되어있다

오피스텔은 위에 그래픽 내용에서 보듯이 상가 ,오피스에 비해 수익이 안정적이고 관리가 쉬우며 환금성이 높은 수익성 부동산 이다.

그러나 이는 독신자 인구가 폭발적으로 늘어나고, 수도권 집중 현상, 뉴 타운, 재개발로 구도심 멸실 주택이 증가하기 전의 오피스텔의 평가다.

현재 패러다임 운 운 할 정도로 수익성 부동산 시장의 변화는 거세다. 그런데도 과거의 시장 논리를 도그마 적으로 적용해 말 하는 것은 시장에 대한 이해가 부족 한 탓이다.

특정 사례를 가지고 이를 일반화 시키는 것은 문제가 있을 수 있다. 그러나 특정지역의 랜드 마크 역할을 오피스텔의 경제성 변화를 통해 시장의 전반적 상황을 읽어 낼 수가 있다. 랜드 마크 역할을 하는 오피스텔의 가격변동이 결국 해당지역 내의 다른 오피스텔 가격 변화를 대표 한다고 볼 수 있다.

앞부분에서도 말 했듯이 일산 신도시에는 2000년 초부터 중반까지 일산 지역 내 에 있는 소형아파트 전체를 합한 물량 보다 더 많은 오피스텔이 공급됐다.

당연히 과 공급이다. 실제로도 이 영향으로 일산 신도시의 오피스텔이 대규모로 몰려있는 장항 동, 백석 동의 오피스텔 들은 매매도 잘 이뤄지지도 않고, 공실률도 높았다. 특히나 중심 상권 지역인 장항동과는 별개로 도시 외곽에 있는 백석 동의 오피스텔 단지들은 은 그 영향이 더 심했다.

2007년도말로 기억되는데, 백석동 오피스텔단지의 랜드 마크 역할을 하는 브라운스톤도 들어오는 사람이 없어서 거의 덤핑으로 임대를 놓았다.

과 공급은 역시나 경제성에서 비극을 가져 온다는 말이 딱 들어맞는 상황이다.

그런데 그 후 1년이 다르고 2년이 다르고 연차가 계속 될수록 임대가, 매매가, 임대 회전율 등 오피스텔의 수익을 알려주는 주요 지표가 계속 급상승하였다. 그 시점을 전후로 임대인들은 임차인을 골라 받을 수 있는 여유까지 갖게 됐다. 2016년 현재는 조금 주춤한 상태다.

이 시기를 전후에 이 지역 뿐 아니라 전체적인 오피스텔 시장이 예전과는 다른 흐름을 보이고 있다. 그 결과 모든 지역이 해당되는 것은 아니지만, 수익성이 높은 저가의 소형 오피스텔 투자는 임대

수익과 시세차익이라는 두 마리 토끼를 다 잡을 수 있는 효자 상품이 됐다.

오피스텔 투자의 수익성이 높다는 말의 기준은 상대적 개념에서 나온 것이지 절대적 개념은 아니다. 한국은행 금융통화위원회는 2016년 11월 기준금리를 동결한다고 발표했다. 한국은행의 기준금리에 절대적인 영향을 받고 있는 정기예금 금리는 계속해서 세후금리 0%대를 유지하게 됐다.

오피스텔의 임대수익률이 과공급의 영향을 받아서 낮아지고 있는 추세라고 하지만 그래도 은행 예금과 비교해서 상대적 개념이기는 하지만 매우 높은 것은 사실이고 저금리를 이용해 소액으로 레버리지를 이용해 투자할 수 있는 여건도 조성되어 있다. 당분간 이 흐름은 계속 될 것이다.

오피스텔 건축 기준
바로알기

부동산 투자는 그리 쉬운 것도, 단순 한 것도 아니다. 하다보면 알아야 할 것도 많고, 습득해야 할 정보, 관련 법규 내용도 많다. 그리고 정부의 정책도 수시로 변하기 때문에, 그 때마다 변화된 내용을 숙지하고 있어야 한다. 사실 이 정도 노력도 안하고 어떻게 돈을 벌 수 있겠는가. 시장이 변하면 정부의 정책도 변한다. 문제는 항상 그렇듯이 우리는 항상 뒤 늦게 이를 안다는 것이다. 독신자가 급증하고 전세가가 급등 하면서 그 대체제로서 오피스텔이 부상 하고 있다. 이 문제의 심각성을 알게 된 정부도 최근 들어서 오피스텔 관련법을 완화 시키고 있다.

오피스텔 건축 기준의 변화

구분	2009년 이전	준 주택 시행 이후
업무 공간 면적	70% 이상	폐지
욕실	5m² 이하	폐지
	(욕실 설치 금지)	
바닥 난방	85m² 초과 시 설치금지	85m² 초과 시 설치금지
발코니 설치	설치 금지	설치 금지

주거용 오피스텔이 탄생한 배경에는 오피스텔 관련법규가 완화된 제도적 측면이 있었다. 그러다 부동산 버블기에 아파트의 대체제로 불법건축 오피스텔이 급증하면서 규제는 다시 강화됐다. 그러자 아파트와 유사한 주거공간을 갖춘 오피스텔이 자취를 감추게 되었다.

그럼에도 내부마감, 수납공간의 확대, 풀 옵션을 통하여 주거공간으로서의 편리성을 갖추게 되면서 직장인, 학생, 독신자 수요를 끌어 들였다.

원룸주택 공급확대를 위해 도시형 생계형 주택이 등장하면서 부터 위의 도표 내용에서처럼 법 규정이 완화되고, 규제 강화 이전처럼 다시 공급물량이 늘게되었다. 아파트는 공급면적(전용면적+공용면적)을 기준으로 3.3m² 당 가격이 결정된다.

그러나 오피스텔은 전용면적+공용면적+주차면적을 합한 계약면적이 기준이다.

따라서 3.3m²당 분양가를 아파트를 기준으로 묻는 것은 아무 의미가 없다. 오피스텔의 가격을 비교하기 위해서는 전용면적(실거주

217

면적)을 기준으로 3.3m²당 가격을 비교해야 된다.

그러니까오피스텔은 아파트와 비교해 실제 사용하는 면적 즉 전용률이 낮기 때문에 단순히 분양면적을 보고 매매가의 적정성을 평가 하지 말고 반드시 실사용면적으로 오피스텔 가격의 평가해야 한다.

같은 지역에 같은 시기에 지어진 동일평형의 오피스텔 간에 분양가 또는 매매가에 차이가 있다면 이는 분명히 전용률의 차이에서 오는 것이니, 항상 물건을 둘러보기 전에 이 부분을 주의 깊게 살펴야 한다.

04 공급과잉에
대처하는 법

2015년에서 2016년 사시의 투자공간은 부동산 시장에서 하락이 정점을 찍고 다시 상승하는(금리 인하, 전세가 폭등 등의 원인에 의한 일시적 반등의 성격이 강해보이지만, 아무튼) 해로 기록될 것이다.

부동산 이건 주식이건 정말 큰 장은 유동장세(혹은 금융장세) 다. 비교적 최근에 주가가 단기간에 급등한 이유도 실물경기의 호전에 의해서라기 보다는, 한국은행의 기준금리 인하에 따른 저금리 효과로 시중에 풀린 유동성이 주식시장으로 몰려 들었기 때문이다.

주가가 상승했다고 해서 한국경제의 내용이 좋아졌다고는 누구도 믿지 않을 것이다. 투자는 흐름이고 방향이라고 말을 했지만 또 심리적 게임이기도하다.

인간의 탐욕이 지배하는 투자시장에서 인간의 투자결정은 이성적 판단에 앞서 늘 감정적이다.

최근 주류 경제학을 대체하는 새로운 경제학, 행동경제학의 창시자로 심리학자 최초로 노벨경제학상을 수상한 다니엘 카더먼은 시장에서의 인간의 행동을 두고 "인간의 감성은 거대한 코끼리이고 인간의 이성은 초라한 조랑말"에 비유하고 있다.

이런 관점에서 시장을 조망 해보면 왜 그동안 우리가 잘못된 투자를 해왔는가에 대한 답이 쉽게 나올 수가 있다.

시장 침체기에는 항상 그렇듯이 비관론이 비등 한다. 그러다 다시 호황기 가 오면 언제 그랬다는 듯이 시장의 펀더멘탈은 나아진 것이 없음에도 반대로 긍정적 논리가 득세한다. 이런 과정을 지켜보면 설사 불황기가 왔다 해도 남들 따라서 매우 극단적인 평가에 휩쓸리는 것은 어리석다. 부동산 붕괴론 자 들에게 묻고 싶은 것이 하나 있다. 왜 부동산 버블시기 에는 침묵 하고 있었느냐고.

인간의 본성이 지배하는 시장에서 앞날을 확신 하는 것처럼 대중에게 말하는 것은 오만한 일이다. 지금의 시장이라는 것은 너무나 많은 이해관계로 얽혀 있어서, 단순히 몇 가지의 경세시표로는 시장을 분석하는 일도, 미래를 예측 하는 것도 어렵다. 그냥 시장의 흐름, 방향에 따르는 수밖에는.

최근까지 아파트 분양시장, 재건축, 뉴 타운 재개발, 토지시장 모두 투자자에게는 재앙이었다. 이렇게 된 이유는 간단하다. 인간의 탐욕이 지나쳐 실제가치 이상으로 가격을 부풀려 놨고, 침체기가 오면서 그것이 잘못 됐다는 것을 알게 됐기 때문이다. 인간은 어리석게도 그때 가서야 시장을 냉정하게 본다.

지금 주식시장에 막 차를 탄 사람들 역시 조만간 피눈물 흘릴 날이 올 것이다.

시장은 비관론 과 긍정론이 교차 하면서 가격 등락을 만들어 왔다.

부동산 시장을 두려운 마음을 가지고 바라볼 필요는 없다. 가격이 시장이 받아 들 일 수 있을 수준으로 연 착륙 되면, 그 시점부터 환금성 높고 핵심지역에 있는 물건들은 전 고점을 회복하고 신 고가를 다시 쓰는 것이 일반적이다.

금융위기 때도 경제성이 담보 되는 핵심지역 내 부동산은 일시적 하락은 있었지만 이내 전 고점을 회복했다.

투기펀드가 세상의 돈을 지배하는 상황에서는 금융위기로 실물자산의 가격은 언제나 폭락 할 수 있다. 역설적이게도 이 때가 투자의 기회다. 금융위기 당시 공포에 떨지 않고, 주식, 채권, 핵심지역의 아파트에 투자했던 사람은 다 돈 벌었다.

수익성 부동산의 패러다임이 변한 것은 사실이다. 그렇다고 그동안 시장을 주도 했던 상품들의 경제성이 끝난 것은 아니다.

상가 투자는 죽었다고 하는 순간에 새로운 대체상품 오피스텔(원룸 포함)이 등장 하지 않았나. 오피스텔이 뜬 이유는 이것이 단순히 상가를 대체하는 수익성 부동산이기 때문이 아니다. 경제, 사회 흐름과 맞아 떨어졌기 때문이다.

서울 경기도 구도심 전체에서 추진됐던 오피스텔의 가치가 상승한 이유는 뉴타운 재개발로 멸실 주택이 크게 늘어 전세난이 심화 되면서 신혼부부 들이 오피스텔에서 결혼 생활을 시작하는 비율이 늘어났고, 은퇴자, 은퇴를 준비 중인 사람들이 안정적인 수익을 원해 오피스텔 투자가 크게 늘었기 때문이다. 그리고 독신자 비율도 급증 하고 있다. 이러한 요인들이 맞물리면서 오피스텔의 경제성을 키운 것이다.

최근에는 오피스텔에 대한 수요가 많아지면서 공급과잉을 걱정 하고 있다. 아직은 이것을 걱정 할 필요는 없다.

현재 서울 수도권에 분양중 이거나 입주가 막 시작 된 곳이 각 각 5000 가구로 다 합해도 10,000가구 정도다. 시장에서 다 소화 할 수 있는 물량이다. 설사 공급과잉 이라 해도 요지를 선점하고, 서비스 마인드로 무장하면 두려울 것이 없다.

05 오피스텔 청약 허수에 속지마라

서울 지역 내 신축 오피스텔 분양가가 1,400만원에서 1,800만원 대이다. 높다. 이런 분양가로는 임차인이 생각하는 임대료 체감 상한선으로 따져 볼 때 경제성이 없다.

오피스텔은 분양면적(정확히는 계약면적)이 아파트와 개념이 다르다. 오피스텔의 분양면적은 전용면적+공용면적+주차면적을 합 한 것으로 전용률이 높아야 60% 미만이다.

전용률 기준으로 실 거주면적으로 환산 하면 분양가는 아파트와 비교해서 1,400만원의 거의 2배가 된다.

이 내용은 매우 중요한 것이니 꼭 기억해 둬야 한다.

신축 오피스텔의 분양가가 동일 지역내의 아파트 3.3m²(1평) 매매가 보다 많이 낮다고 해서 '이 오피스텔 분양가가 참싸다.' 라고 생각하면 안 된다는 말이다. 이는 오피스텔의 분양 면적 대비, 낮은 전용률에서 오는 착시 현상이니 이를 경계 해야만 한다.

이럼에도 오피스텔 청약률은 수 십대 일을 기록한다. 최근 오피스텔의 경제성이 뜨고 있다고 해도 도를 지나친 것이다.

오피스텔 청약 경쟁률이 높은 것은 오피스텔 청약이 가지고 있는 특성이 반영 된 결과다. 오피스텔의 높은 청약률이 반드시 분양완료를 뜻 하지 않는다. 오피스텔의 청약과정은 청약단계, 계약단계, 잔금납부, 입주단계로 구분한다.

오피스텔은 법률적으로 주택이 아니다.

따라서 1가구1주택에 해당 되지 않고 분양받기 위한 청약통장도 필요 없다.

청약금 1백만 원~3백만 원이면 누구나 아무조건 없이 청약 할 수 있다.

청약에 당첨된 후 계약을 하지 않아도 된다. 왜냐하면 청약을 포기해도 청약금 잔액을 모두 돌려받기 때문이다, 이 때문에 청약 경쟁률아 100대 1이 된다 해도, 실제 의외의 결과가 나올 수 있다. 송도 신도시에서는 청약률이 180대 1 이었던 오피스텔이 높은 경쟁률에도 불구하고 실제 계약률이 50%에도 못 미치는 사례도 있었다.

앞서 말했듯이 오피스텔 분양가가 비싸지고 있다. 이는 오피스텔 투자의 수익성 악화로 이어진다.

오피스텔은 내가 쾌적하게 살기 위해 투자 하는 것이 아니다. 투자목적은 처음부터 끝까지 수익성에 있다. 높은 분양가로 수익을 높이기 위해 무리하게 임대료를 올리게 되면, 임차인이 들어오지 않는다. 지역내의 오피스텔 임대가가 엄연히 있는데, 최근에 신축

한 오피스텔 이라고 해서 어느 임차인이 상대적으로 높은 임대료를 주고 살겠는가.

3.3㎡당 1,500만원인 분양면적 15평 오피스텔의 분양가가 2억 2,500만원 이다. 실 거주면적은 8평에서10평 이하다. 이런 오피스텔에 월세 100만원 주고 살 사람이 많지 않다. 오피스텔은 관리비도 아파트 보다 높다. 여기에 생활비를 포함하면 도시평균 이상의 월급쟁이라도 월급의 절반을 먹고 자는데 쓰는 꼴이다.

월세로 100만 원을 받는다 해도 투자금 대비 수익률은 5%대다. 또 공실이 발생 할 경우 이는 모두 소유자가 부담한다. 또 여기에 소득세 까지 내게 되면 이건 경제성 있는 투자가 아니다.

그래서 오피스텔 투자는 처음부터 수익률을 염두에 두고, 신축을 고집해서는 안 된다.

06 저가 오피스텔이 수익성은 높다

　돈 없는 사람이 수익성 부동산에 투자하기에는 문턱이 높다. 전용면적 3.3㎡의 매매가가 수천 만 원에 가까운 현실에서 종잣돈이 수천 만 원에 불과한 투자자가 상가에 투자하는 일은 현실적으로 가능하지 않다. 그러나 오피스텔은 얼마든지 투자가 가능하고 수익성 부분에서도 소형 저가 매물이 우월하다.

　아파트에는 명품의 논리가 숨어있다.

　노 부부 두 사람이 생활 하는데도 중대형 아파트를 팔지 못한다. 서울 판교 과천 등 핵심지역을 제외하고, 중대형 아파트는 갖고 있어 봤자 고정비만 안고 사는 것임에도 팔지를 못 한다. 남의 이목 때문이다. 사람들은 자기가 갖고 있는 물건을 쉽게 포기하지 못한다.

　자기가 갖고 있는 것을 실제 가치 이상으로 평가 하는 성향 때문이다, 인간의 소비, 투자는 과학과 거리가 멀다. 최근 심리학과 접목한 행동 경제학이 인간의 소비성향 분석을 새롭게 쓰고 있고, 지지를 받고 있는 것도 주류경제학이 인간을 이성적이고 합리적 존재로 보는 것이 오류라는 것이 증명 됐기 때문이다. 인간은 창고에 치즈가 다 없어 질 때 까지도 변화하지 않는 미련한 존재다.

오피스텔은 세컨드 주택이다. 노후의 안정적인 캐 쉬 카우 수단이다.남 의식해서 신축의 요지에 있는 오피스텔을 고집 할 필요가 전혀 없다. 어디에 있든, 조금 오래 되어도 돈 되는 곳에 투자해야 한다.

서울 주요 역세권 오피스텔은 분양평수가 20평(실 평수는 그 절반)만 돼도 월세가 100만원을 훌쩍 넘는다.

유흥업 종사자가 단기간 거주목적으로 사는 것이 아니 고서야, 평범한 직장인 중 그 돈 내고 살 사람이 없다. 그래서 강남에는 고가의 임대료를 내는 고시원이 몰려 있다. 고가의 임대료를 내야하는 고시원이라고 해도 이곳의 오피스텔과 비교하면 임대료가 많이 싸기 때문이다.

강남 삼성, 선릉지역의 신축 오피스텔은 월세만 200만원 넘는 곳도 꽤 있다. 정상적으로 일해서 돈 버는 사람들은 절대 이 정도의 월세를 주고 살지 못한다. 물론 소득이 높고 독신생활을 즐기는 사람의 경우는 제외하고…….

임대료와 비례해서 수요는 줄어든다. 이것이 오피스텔 수익구조의 완결판이다.

임대료가 비싸도 올 사람은 온다 라고 미리 단정짓고 고가의 오피스텔에 투자해서는 안 된 다. 임대료가 높으면 임대 회전률의 탄력성이 크게 떨어진다.

수익성을 노리고 투자하는 오피스텔, 무조건 소형에 투자해라. 이것이 정답이다. 이렇게 이 내용을 반복적으로 말하는 의도는 세뇌 시키기 위해서다(웃자고 하는 말).

다시 강조 하지만 오피스텔 임차인 에게 중요한 것은 시설보다 저렴한 월세다. 시설은 5년 전에 지은 것이나, 최근에 지은 것이나 다 거기서 거기다. 임대인이 범하기 쉬운 것이 수요자 보다 자기 관점에서 사물을 본다는 것이다. 이것이 신축 오피스텔 선호 현상을 불러 오는 것이다.

07 임대 소득 합법적으로 세금 적게 내는 법

오피스텔은 수익성 부동산 범위에 들어간다.

따라서 당연히 소득세를 내야한다.

임대소득은 금융소득 과세처럼 다른 소득과 합산해 소득세가 부과되는 종합 소득세 과세 대상이다.

임대수익률이 10%라고 하면 임대수익률의 소득세율이 6.6%~38.5%다. 다른 소득이 많을수록 소득세율이 높게 적용된다.

다른 소득 이를테면 급여, 사업소득, 이전소득이 많을수록 소득세율이 올라가기 때문에 다른 소득이 많은 사람은 사전에 세무사를 통해 세무조종을 할 필요가 있다.

세금을 덜 내기 위해서 금융종합과세 해당자 에게는 소득이 없는 사람의 명의를 빌려 투자 하는 것이 유리 하다고 말한다. 그러나 이는 도덕적인 방법이 아니다. 금융종합 과세는 부부 합산으로 계산 되는데 다른 사람 명의를 빌리는 것은 결국 이해관계 없는 제3자 명의로 하는 것으로 불법이다.

자본주의 하에서는 가장 나쁜 도둑이 세금 도둑 이라는 말도 있다. 그리고 높은 소득세율이 적용 될 정도로 돈이 많은 사람은 세금도 많이 내야한다.

오피스텔은 주거용으로 임대를 하는 경우에는 양도세 계산 시 주택으로 분류되기 때문에 유의 할 필요가 있다.

원칙적으로 주거용은 주택에 포함되기 때문에 확실하게 입장을 정리 해 둘 필요가 있다.

08 고시원에는 고시생이 없다

고시원은 이제 독신가구를 위한 주거공간으로 자리잡고 있다. 고시원은 독신 가구를 위한 원룸주택의 한가지 형태이지 공부하는 학생들이 거주하는 공간이 아니다.

기존에 고시원에 대해 우리 머릿속에 자리 잡고 있는 생각은 낡고 허름하며 1~2평의 좁은 공간에 자기몸 하나 눕기도 어려운 최소한의 리빙 컨디션도 없는 열악한 곳이라는 생각이 지배적 이다. 이랬던 고시원이 관련법규 강화로 진화 하고 있다. 이름도 고시텔로 바뀌었다. 고시원에는 고시생이 없다. 대부분 고시원 주변의 직장에 다니는 회사원, 대학생들이 대부분으로 도시 독신자들의 주거공간이 된지 오래됐다.

지금까지의 고시원은 싸다는 장점은 있어도 공용으로 화장실, 샤워 룸을 이용하고, 공동 취사 시설을 이용해야 했기 때문에, 개인의 사생활이 보호 되지 못했다. 안전시설도 미흡했다. 그러나 최근에는 확 변했다. 가격에 따라 다르지만 월 40만~60만원을 내면 개인 룸에 화장실 샤워 룸이 제공되는 곳이 크게 늘었다. 기본적인 식사도 제공 된다. 월세만 내면 각종 공과금 등 일체의 비용이 없다. 초고속 인터넷도 무료다, 경우에 따라서는 사무공간으로 이용 가능하다.

이 때문에 비교적 소득이 적은 회사원이 몰리고 있다. 지금 강남구에만 이런 형태의 고시원만 거의 몇 백 개는 되는 것 같다(정확한 수치는 아니다. 계속해서 늘고 있어 현황파악이 안될 정도다).

이제 한국형 스튜디오 주택시장을 주도 해왔던 원룸, 오피스텔을 위협하는 수준을 넘어서 대체되는 흐름까지 나타나고 있다.

투자자입장 에서도 원룸보다 낫다. 투자금도 원룸에 비해서 낮고, 건물을 짓지 않아도 기존건물 한 층을 매입 하거나 임차해서 하면 된다.

고시원 규모가 30실이고 1실 당 평균 면적이 4평 이라면 공용면적을 20평이라 고 할 때 총 140평 이면 된다. 이 정도 되는 고시원의 월세는 강남권을 기준으로 50만~80만 원이다. 평균 잡아 월세가 60만원 이면 공실이 없다는 가정아래 월세수입만 한 달에 1,800 만원이다. 년으로는 2억1,600만원이다.

평당 인테리어 비용, 내구 제 구입, 총무 급여(보통 방 하나 내주는 조건으로 60만 원 정도) 평당 인테리어 비용을 100만 원, 내구 제 구입비용 1억 원 등 총 5억 원을 투자해도 발생이익이 50%가 넘는다. 물론 여기에는 사업주의 인건비가 빠져 있지만. 초기 투자한 인테리어, 내

구제의 사용기간이 7년이라고 가정하면 수익은 더 체증 된다.

고사원은 이제 급증하는 독신자의 주거공간으로 확실 하게 자리 잡았다. 수요층이 넓어지면서 시설도 과거와 크게 달라졌다.

고시원은 이름에서 알 수 있듯이, 처음에는 수험생을 위한 주거 공간 이었다. 비용이 싸다는 이유로 차츰 직장인, 독신자들이 수험 생을 대체 하면서 현재는 일반인이 주 수요층이 됐다.

그럼에도 아직도 고시 자를 떼지 못하고 있다. 그러나 엄연히 준 주택으로 분류된다. 최근 고시원 이름이 주는 낡고 허름하다는 인 식을 개선하기 위해 원룸텔, 미니텔, 미니원룸, 00하우스로 간판을 바꿔 단 곳이 많아졌다. 이름만 바뀐 것이 아니고 시설도 진일보 했 다. 개인룸에 화장실, 샤워 시설을 갖추고 있다. 초고속 인터넷도 무료로 제공된다. 시설이 개선되면서 독신자들의 고시원 선호도도 크게 좋아졌고 수요층 도 두꺼워 졌다.

서울시 소방 재난 본부에서 조사 결과를 기준으로 고시원은 서 울에만 3451개 10만 8,428명이 사는 것으로 파악됐다. 최근에는 독 신자의 급증으로 빠른 속도로 증가하고 있다.

09 오피스텔 투자 성공 매뉴얼

A. 직접 발품을 팔수록 수익성이 높아진다

임대 수익률, 임대 회전률 등 오피스텔의 경제성을 나타내는 주요지표는 언론매체를 통해서 부풀려 지기 마련이다. 키보드 워 리어 가 생산 해내는 정보가 무책임 하게 뿌려지는 세상에 우리는 살고 있다.

부자 학에서는 부자는 자신의 돈을 지킬 수 있는 능력의 소유자가 진짜 부자라고 말하고 있다. 이 말은 남의 말만 믿고 투자 하는 것을 경계 하라는 의미다. 물건은 한 번 잘 못 사면 바꾸기 어렵고 돈을 되돌려 받기 어렵다. 되돌려 받는 다 해도 손실이 발생한다. 부동산 투자는 일반 상품 사는 것과 투자 금액이 다르다. 최소한 수천만 원 이상이 든다.

이런 투자를 하면서 남의 말만 듣고 투자 하는 것은 말이 되지 않는다. 사고자 하는 매물이 있는 지역을 시간만 나면 찾아가라. 지역 내 부동산 중개소 하고 안면도 트고, 자주 보다보면 그가 투자의 조력자가 된다. 처음 본 사람은 속여도 인간관계가 있으면 속이지 않고 내편이 되어 주는 것이 사람 관계의 특징이다.

B. 역세권에 목매지 마라

역세권 좋은 것 모르는 사람은 없다. 신축 건물에 도심에 있고 역세권에 있는 건물은 분양 시점부터 프리미엄이 붙는다. 투자자 입장에서 가격이 부담 된다. 오피스텔 투자는 아파트처럼 프리미엄이 시세에 얹혀 가지 않는다. 가격이 높다고 임대료를 더 받기도 어렵다. 주변 오피스텔과 형평성을 고려해야 한다. 결론적으로 역세권의 프리미엄이 붙은 오피스텔 일수록 수익성은 낮아지게 되어있다. 오피스텔은 매매차익을 노리고 투자 하는 부동산이 아니다. 임대수익을 목적으로 하는 수익성 부동산이다.

C. 오피스텔은 저금리라서 투자가치가 높아 진 것이 아니다.

금리가 낮다. 그것도 상당히 앞으로 금리는 오르지 않는다. 금융위기로 경제의 위험이 높아지지 않는 한…….

오피스텔의 투자가치는 금리 이상으로 사회적 변화가 더 큰 영향을 미쳤다.

이러한 사회현상이 패러다임 이라면 오피스텔의 경제성은 그 자체로 투자 가치가 있다.

저금리는 노후준비를 하는데 있어 장애요인이다. 노후준비 상품으로 금융상품 선호가 매우 높은 현실에서 그 대체수단으로 그 이상의 수익성을 담보 하는 상품은 한국형 스튜디오 주택, 그 중 에서도 소액으로 투자 가능한 상품이 저가의 소형 오피스텔이다.

D,성공 사례는 과장 되어 있다.

오피스텔 투자 성공 사례 중에서 "전업주부 오피스텔 투자로 500% 수익 달성하다"는 기사를 읽은 적이 있다,

이 분의 투자 레코드를 확인 할 수 있는 자료가 없기 때문에 진실 여부는 알 수 없다. 만약 이 분이 정말 2억 원 으로 오피스텔에 투자해 500%의 수익률을 올렸다면 천운이 맞아 떨어 진 것이다.

이 사례가 진실이든 아니든 보기 드문 사례 인 것만은 분명하다.

오피스텔 투자로 이런 수익률을 얻는 다는 것은 거의 기적에 가깝다.

언론매체를 통해 나오는 수익률 이리는 것은 대부분 뻥튀기되거나, 마케팅의 수단으로 이용된다.

수익률은 직접 모든 변수를 고려해 계산하는 것이 가장 근사치에 가깝다. 남의 말 듣지 말고 스스로 셀프 하는 투자자가 되라.

E. 공실 일 수를 최대한 줄여라

공실은 임대료는 물론이고 공실기간 중 발생하는 관리비까지 소유자가 부담해야 된다.

임대만 생각하고, 이동이 심한 직업군에 속하는 사람을 많이 받

다보면 나중에 공실이 길어지는 상황이 발생한다. 급해도 장기간 거주자를 찾는 것이 경제적 이다. 선 월세를 내는 장기 거주자는 할 인 혜택을 주어 유인하는 전략도 필요하다.

수도 권 외곽의 고립된 지역에 있는 대학가 주변의 원룸은 대부 분 월세를 1년으로 환산해 계약한다. 그러니까 월세가 30만원이라 면 보증금 없이 1년 치 월세 총합 360만원을 입주 계약과 동시에 받 는 것이다.

왜냐하면 고립된 지역의 대학가 원룸 촌은 방학을 하면, 즉시 공 실이 발생 할 수밖에 없기 때문에, 고육지책으로 이렇게 하는 것이 다.

중앙 대 안성 캠퍼스 후문 내리 지역의 오피스텔 단지, 강원도 강 릉의 가톨릭 관동 대, 삼척시의 강원 대 삼척 캠퍼스, 원주 상지대, 충주, 제천 지역의 세 명 대, 교통 대, 건국 충주 캠퍼스, 천안 권의 대학 캠퍼스가 몰려있는 안서 동의 대학가 원룸 촌은 대부분 1년간 으로 임대료를 한 번에 받는 것이 관행처럼 되어있다.

안정적인 임대 수익을 위해 이러한 방법도 한번은 고려 해볼 만 하다.

F. 시행 사, 시공사를 검증하라

시행 사는 사업의 주체다. 시행 사는 사업계획서 한 장으로 사업 을 시작한다. 사업자금도 분양 받은 사람의 종잣돈이 주요 재원 이 다. 초기 공사 대금 도 시공사의 보증으로 소위 프로젝트 파이낸싱 (PF론) 금융기법을 통해 조달 한다. 이런 사업 방식이 때로 큰 파장을 일으킨다. 시행 사 부도로 사업이 지연되거나 엎어지는 사례가 많기 때문이다.

따라서 사업 주체인 시행사가 땅은 매입하고 나서 분양을 했는 지. 만약의 사태에 대비해 주택보증은 받았는지. 건축 인·허가는 완료 되었는지를 사전에 면밀히 체크 해야 한다. 그리고 그동안의 사업실적이 신뢰가 가는 지도.

공동주택은 시공사의 브랜드가 붙는다. 아무래도 대우, 삼성, GS 건설처럼 브랜드 가치가 있는 시공사가 낫다. 이들 회사는 아무 시행사와 거래 하지 않는다. 이는 역설적으로 시행사의 재무 안정성을 증명해 주는 것이다.

G. 분양면적의 전용률을 반드시 체크한다.

오피스텔의 분양면적은 아파트와 다르다.

아파트 분양면적은 전용면적과 공용면적을 합 한 것 이지만, 오피스텔은 여기에 주차면적을 더해 계산한다. 그래서 대부분의 오피스텔의 전용률은 60% 미만 이다. 전용률이 높을 수 록 좋다. 분양면적이 동일해도 전용률이 높으면 그 만큼 공간 활용 면적이 늘어나 쾌적하다.

H.주변시세를 확인한다.

임대주택은 지역 내에서 임대인과 임차인 간의 교집합을 이루는 임대가 가 있다. 최신 버전의 시설을 갖추었다고 그 이상의 가격을 받기 어렵다.

오피스텔의 임대 가는 주변의 원룸, 고시 텔 등 다른 형태의 스튜디오 주택 임대 가와 형평성을 맞춰야 한다. 또 오피스텔을 포함해 주변의 모든 준 주택의 공급 물량도 반드시 체크해야 한다.

10 아무도 말하지 않는 도시형 생활주택의 비밀

정부의 정책은 항상 뒷북이다. 뉴 타운 재개발로 멸실 주택이 증가하고 이에 따라 전세난이 심각해지면서 국토해양부는 도심 내 1~2인 거주 서민주택의 공급 확대를 목적으로 건축기준을 완화하는 정책을 용인하고 그 결과물인 도시형 생활주택이 세상에 나오게 되었다.

도시형 생활주택은 넓은 의미에서 한국형 스튜디오 주택이라 할 수 있지만, 준 주택인 오피스텔, 고시 텔 과 차이점이 크다. 법인 사업자가 되어야하고 자본금도 3억 이상이다. 각 세대가 각자 소유권을 갖는 개별등기를 해야 한다. 도시형 생활주택으로 주차면적 기준이 완화 된 것은 도시형 생활주택이 갖고 있는 장점이다.

도시형 생활주택은 1 세대 기준으로 주거 건축 전용면적이 85㎡ 이하인 소형주택을 20세대 이상 149 세대 이하로 건축하는 공동주택 이라고 정의 할 수 있다. 도시형 생활주택은 3가지 카테고리 로 구분하고 관련법규 적용에 차이를 두고 있다.

아래의 내용은 3가지 유형의 도시형 생활주택의 차이점을 비교한 것이다.

구분	건축물분류	세대수	전용면적
기숙사형 주택	건축법으로 공동주택	20-149세대	7-30㎡
원룸 주택	건축법으로 공동주택	20-149세대	12-50㎡
단지형 다세대	건축법에서 다세대 주택	20-149세대	85㎡

- 도시형 생활주택 투자사례

관악구 신림동 신림 아 데 나 534(도시 생활 주택)
  1. 원룸 정보
     전용면적기준 17~18㎡
     원룸 : 49개
  2. 투자금 대비 수익성 분석
     분양가 : 1억 4,900만 원
     보증금 : 1,000만 원
     월세: 65만 원

        투자 금 대비 수익률 : 4.9%
  분석) 신림 아 데나 534는 2010년 도시형 생활주택 관련법 정비 후 최초로 사업 승인을 받은 공동주택이다. 본문에서 도시형 생활주택의 수익성이 기존의 스튜디오 주택보다 떨어진다고 했다. 이 사례가 이를 증명하고 있다.

● 기타 주요내용
1. 기숙자형은 욕실 설치 가능하고, 휴게실 공동사용 가능 하다.
 지상 층에 건축
2. 원룸 주택은 욕실 주방 설치가능, 욕실을 제외한 거실이 하나의 공간으로 구성 된다.
 지상 층에 건축
3. 단지형 다세대 주택은 바닥면적 합계가 660㎡ 이하이고 4층 이하 주택을 원칙으로 하며 건축 위원회 심의 통과 하는 경우에 한 해서 5층 이상 건축가능, 지하 주차장은 통합설치 한다.

도시형 생활주택은 건축 인 허가, 사용검사, 분양에 이르기 까지 완화된 건축 관련법을 적용 받는다.

도시형 생활주택으로 인정되면 주차면적 확보에 큰 도움이 된다. 같은 공동주택 이지만 상대적으로 적은 가구를 분양하는 도시형 생활주택은 주차면적에 대한 완화된 기준이 사업성을 크게 개선 시켰다.

2000년 초 이후 주차장법이 강화 되면서부터 신축 소형 주택의 공급이 거의 끊기다 시피했다. 그러나 다시 관련법이 완화되고 소형주택의 수요가 급증함에 따라 경제성이 제고 되고 있기는 하나,

사업 참여의 제한은 오히려 강화되어 향후 전망을 어둡게 하는 측면도 있다.

도시형 생활주택으로 인정되면 주차면적 에 대한 완화된 기준을 적용 받는 것 이외에 아래의 4가지 혜택이 주어진다.

1.도시형 생활주택은 주택법 상의 감리대상에서 제외 된다.

2.분양가 상환제의 제한을 받지 않는다.

3.조경 배치 일조량 구조 등 의 건축기준 부대, 복지 시설 기준이 완화되고 면제된다.

4.도시형 생활주택은 "주택공급에 관한 규칙" 의 일부 내용만 분양 시 적용 되므로 청약 자격 기준 분양 보증, 분양면적 표기, 공개 모집 등에서 자유롭다.

도시형 생활주택은 인, 허가 기준은 아래의 3가지 조건을 갖춰야 한다.

1.주택 건설 사업자 등록을 해야 하고 자본금 3억 원 이상을 준비해야 한다.

2.건축분야 기술자 1인이 있어야 한다.

3.33㎡ 이상의 사무실을 갖춰야 한다.

도시형 생활주택은 1~2인 가구를 대상으로 임대를 목적으로 건축 한다. 따라서 임대수요가 풍부한 지역인 대학가, 학원 밀집지역, 산업단지, 교통연계 망이 발달 한 곳을 주력 사업지로 하는 것이 유리하다.

도시형 생활주택은 건설 사업자를 법인으로 해서 사업을 해야 하기 때문에 진입장벽이 높다. 임차인 입장 에서는 도시형 생활주택 보다 준 주택 이 거주 공간으로 이용이 편리하고 비용도 싸다.

1~2인 가구를 겨냥해 관련법을 완화 하면서까지 도시형 생활주택을 만들었다고 하지만 이는 탁상 행정의 전형으로 시장 수요자의 요구와는 온도 차가 있다. 만약 도시형 생활주택이 활성화되기 위해서는 사업 접근성을 더 쉽게 하고, 임대 가를 낮출 수 있는 정부 차원의 지원이 있어야 한다.

도시형 생활주택은 기존의 준 주택과 경제성을 비교 할 수밖에 없다.

준 주택과 도시형 생활주택은 앞서 말 했듯이 넓은 범위 에서는 한국형 스튜디오 주택이다. 그러나 세부적으로 들어가면 관련법 적용, 투자형태에서 많이 다르다. 투자자는 이점을 잘 고려해 기회비용을 계산 해 보아야 한다.

— 도시형 생활주택과 준주택의 비교

구분	도시형 생활주택	준 주택
주택형태	기숙사, 원룸, 단지형 다세대	오피스텔, 고시원, 노인 복지시설 주택
관련법	주택법	건축법
건물용도	공동주택	업무시설, 근린시설
등기구분	구분등기	지분등기(오피스텔은 구분등기)

도시형 생활주택 준 주택은 각 각 주택법 건축법의 적용을 받는

다. 또 도시형 생활주택은 개별등기를 해야 하지만 준 주택인 고시원의 경우 지분등기를 한다.

11

풀옵션은 권리금이라고 생각해라

원룸의 주요 수요층은 독신의 직장인, 학생들이다. 이들은 방 안에서 취사는 물론이고 놀이까지 거의 모든 것을 해결하고 싶어한다.

배고픈데 밥을 해먹기 싫을 때는 한끼 정도는 언제든지 즉석식품으로 데워 먹을 수 있는 전자레인지는 물론이고 냉장고, 세탁기 등의 생활에 필수적인 생활용품, 초고속광랜 인터넷, 와이파이까지 빈틈없이 채워 있어야 비로소 입주를 한다.

이 중에서 한가지라도 없으면 입주하지 않는다. 소비자의 니즈를 정확하게 파악하고 있지않으면 원룸주택 투자도 성공하기 어렵다. 어려서부터 컴퓨터 사용에 익숙한 이들은 비교사이트에서 가격, 품질을 확인한 후에야 구매를 결정짓는 것이 일반적이다.

이들은 원룸을 구하기 앞서, 원룸사이트에서 촘촘히 정보를 찾고 확인한 후에 입주를 할 것인가 말 것인가를 결정한다.

이래서 인터넷, 유선TV서비스가 되지 않은 원룸은 선택하지 않는다.

이제 원룸은 풀옵션을 제공하지 않으면 수요자를 구하기 어려워졌다. 원룸주택에서 입주자를 위한 풀옵션은 선택사항이 아니라 필수 사항이 된지 오래다.

풀옵션은 원룸사업에 있어 권리금이라는 생각으로 접근해야 한다. 풀옵션에 들어가는 돈은 비용이 아니고 투자다.

노후 준비

월세가 연금이다

2017년 3월 20일 초판 인쇄
2017년 3월 24일 초판 발행

지은이 | 박연수
펴낸곳 | 도서출판 청연

주소 | 서울시 금천구 시흥대로 484 (2F)
등록번호 | 제 18-75호
전화 | (02)851-8643 · 팩스 | (02)851-8644

ISBN 979-11-957227-5-4　(03320)